W0215369

Wolfgang Luef

Die Freuden und Leiden des modernen Mannes

Klassische Kunst neu interpretiert

In dieser Reihe sind ebenfalls bei Yes Publishing erschienen:

Im Museum gewesen. Überall Corona gesehen (978-3-96905-103-0)
Im Museum gewesen. Überall meine Arbeit gesehen (978-3-96905-190-0)
Im Museum gewesen. Überall meine Familie gesehen (978-3-96905-193-1)
Vom wunderbaren Leben als Paar (978-3-96905-254-9)
Vom wunderbaren Leben mit Katzen (978-3-96905-267-9)

Wolfgang Luef

Die Freuden und Leiden des modernen Mannes

Klassische Kunst neu interpretiert

YES

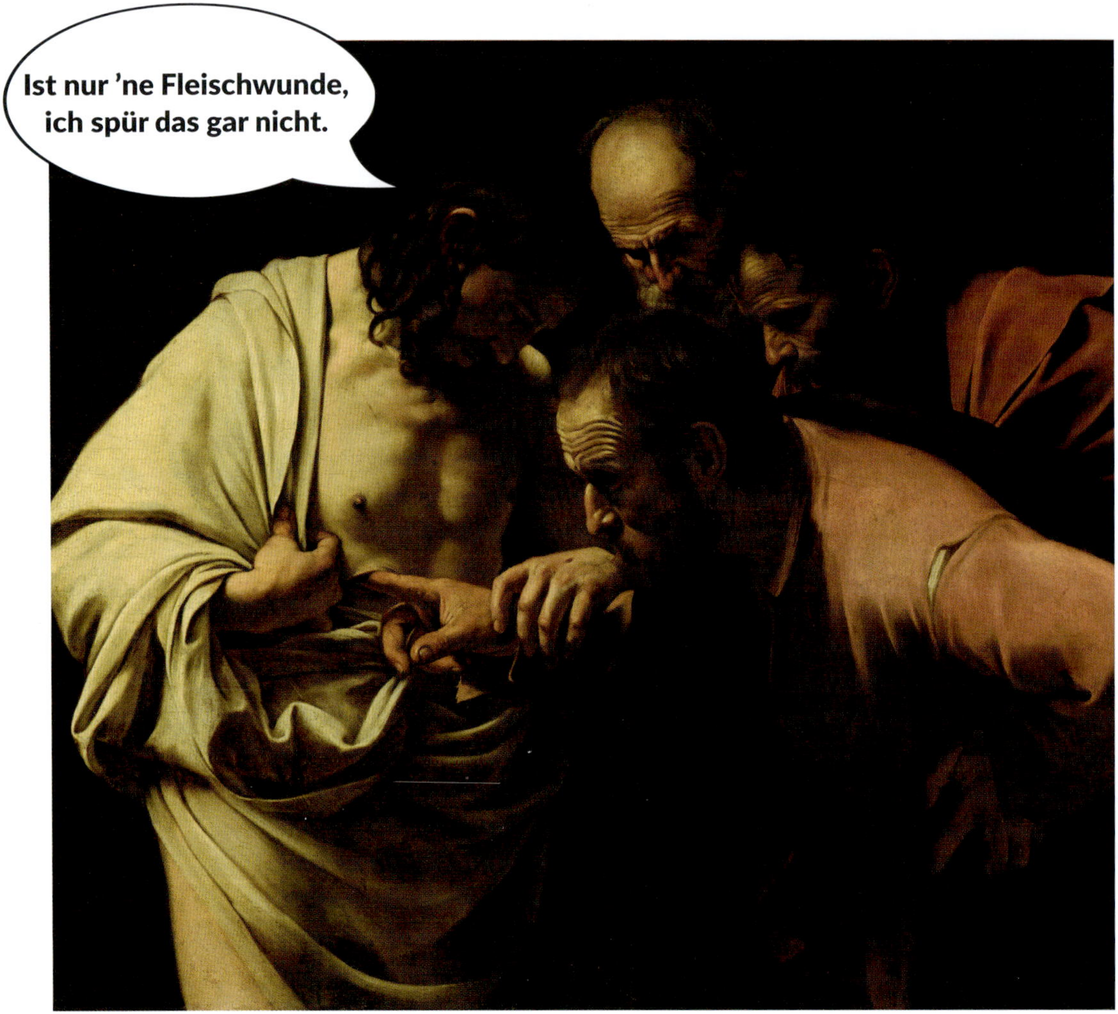

Wenn Peter unter Freunden ist, kennt er keinen Schmerz.

Caravaggio: *Der ungläubige Thomas* (1601–1602)

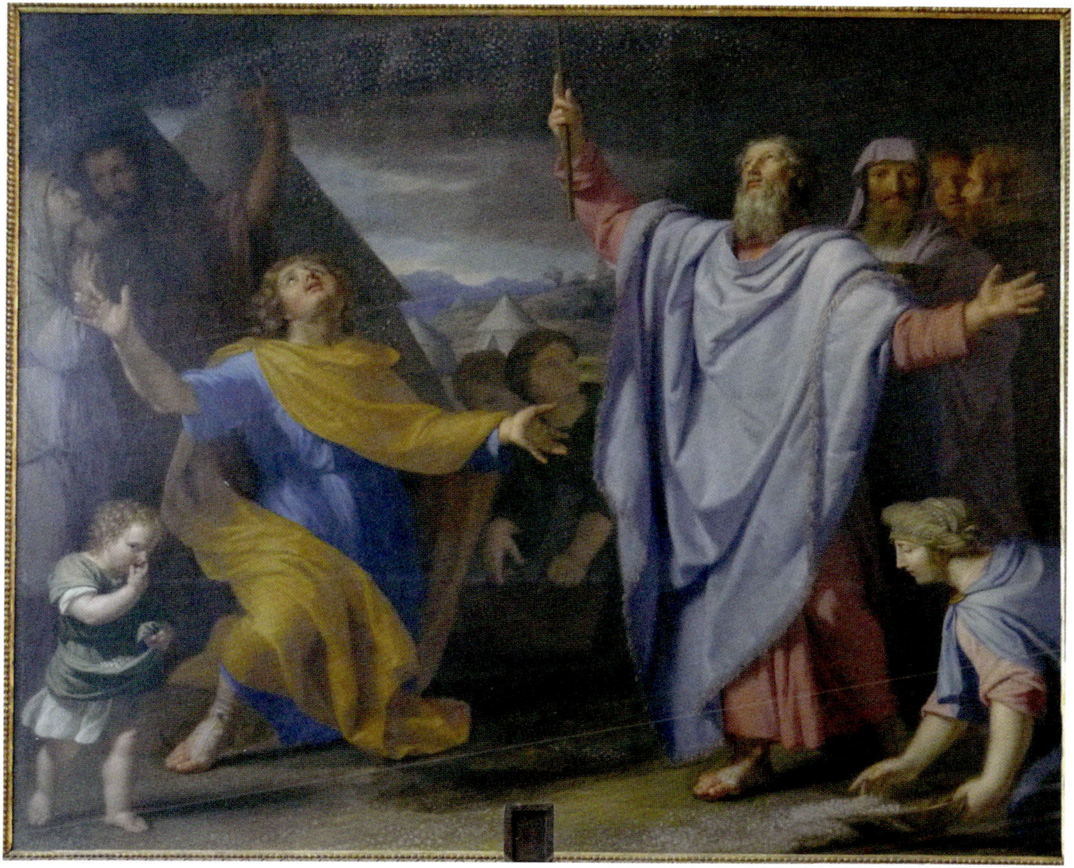

Moses zeigt seinen Freunden seinen neuen Quadrokopter.

Philippe de Champaigne (1602–1674): *Manna in der Wüste*

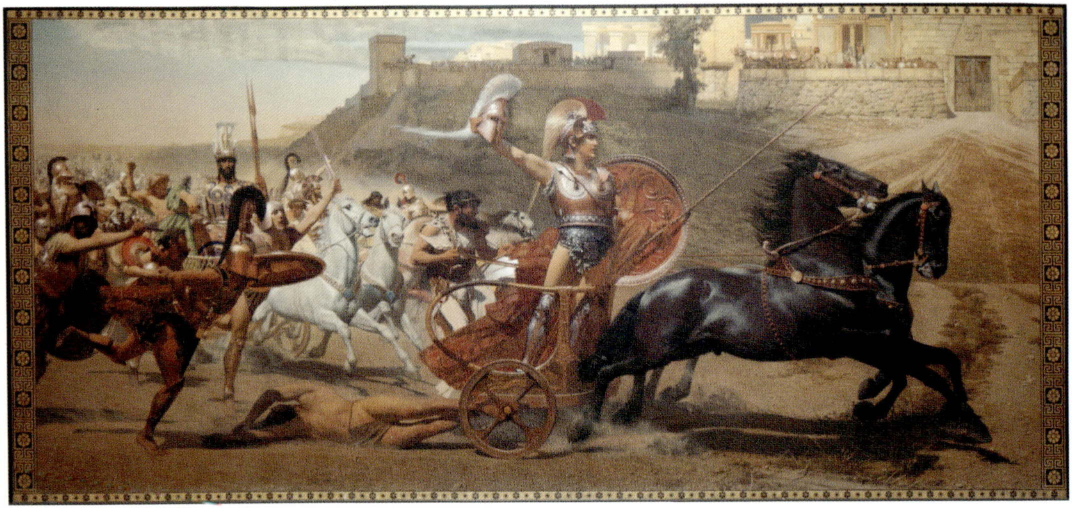

Das Gefühl, mit dem brandneuen Tesla in die Reihenhaussiedlung einzufahren

Franz Matsch: *Triumph des Achilles*, Fresko (1892–1894)

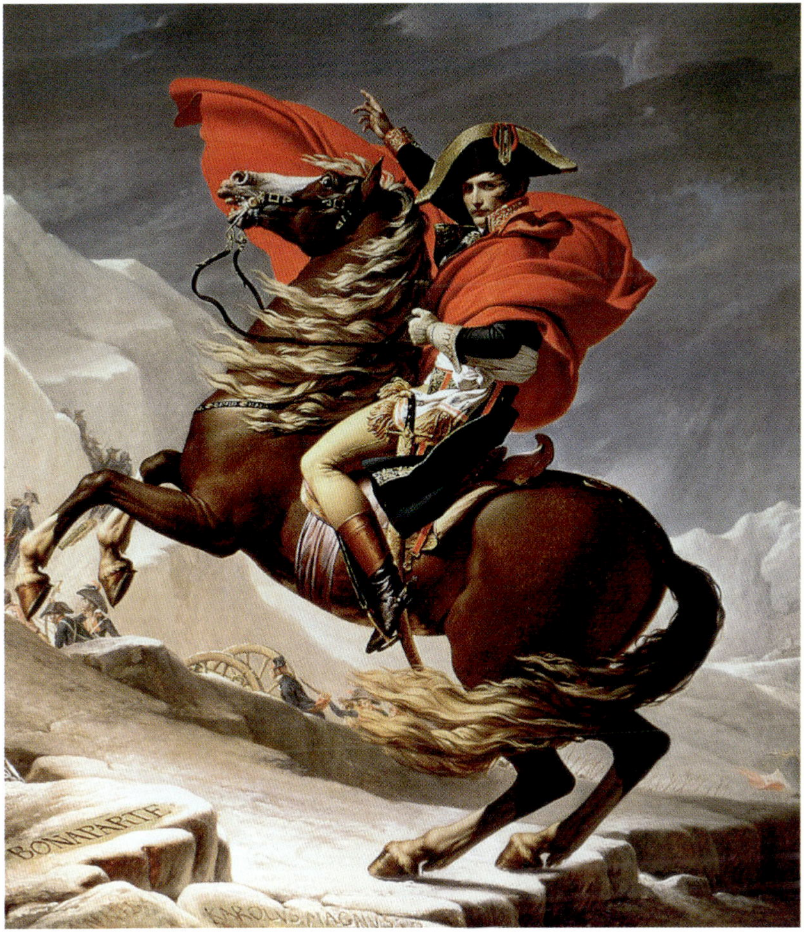

Das Gefühl, mit seinem Range-Rover-SUV nach 20 000 Stadtkilometern zum ersten Mal ein Stück Feldweg zu meistern

Jacques-Louis David: *Bonaparte beim Überschreiten der Alpen am Großen Sankt Bernhard* (1801)

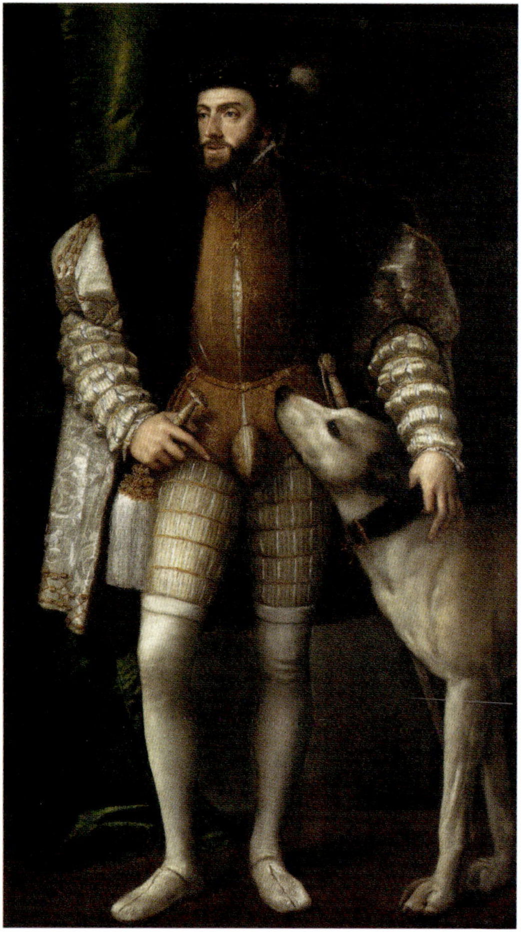

Der perfekte Instagram-Post in der Theorie:
die eigenen Vorzüge zeigen und mit einem wilden Tier posieren

Tizian (nach Jakob Seisenegger): *Porträt Karls V. mit Hund* (1533)

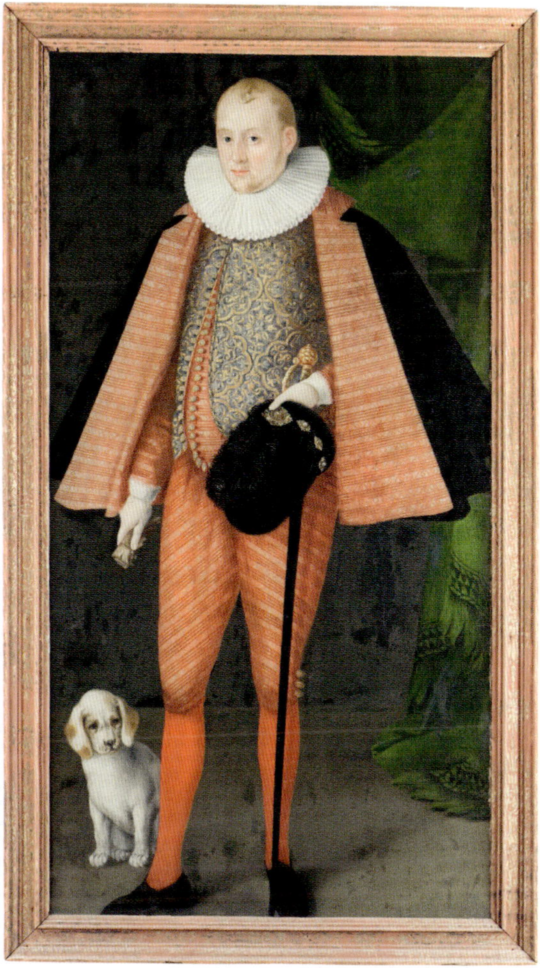

Der Instagram-Post, der dann dabei rauskommt

Unbekannter Künstler: *Svante Mauritzon Sture* (ca. 1600)

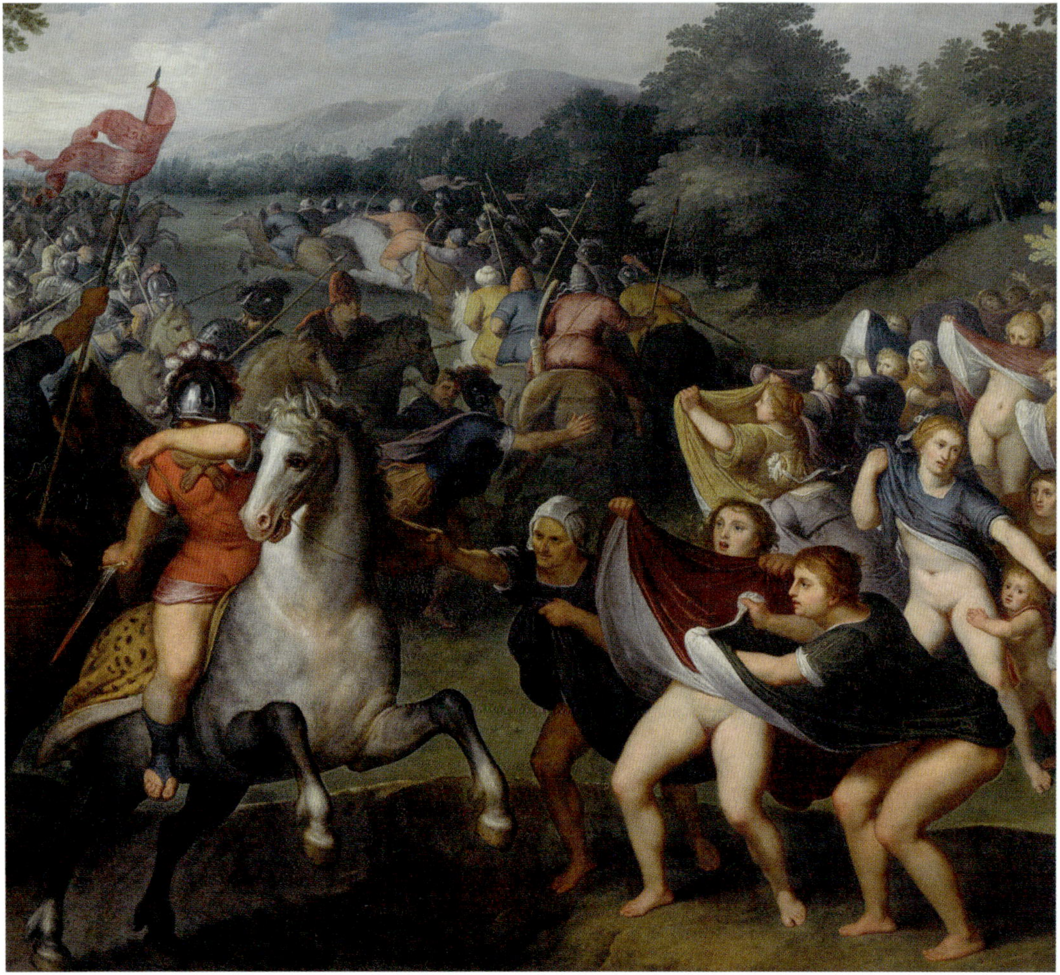

Als Mann auf Tinder: So stellt man es sich vor.

Otto van Veen (1556–1629): *Die Persischen Frauen*

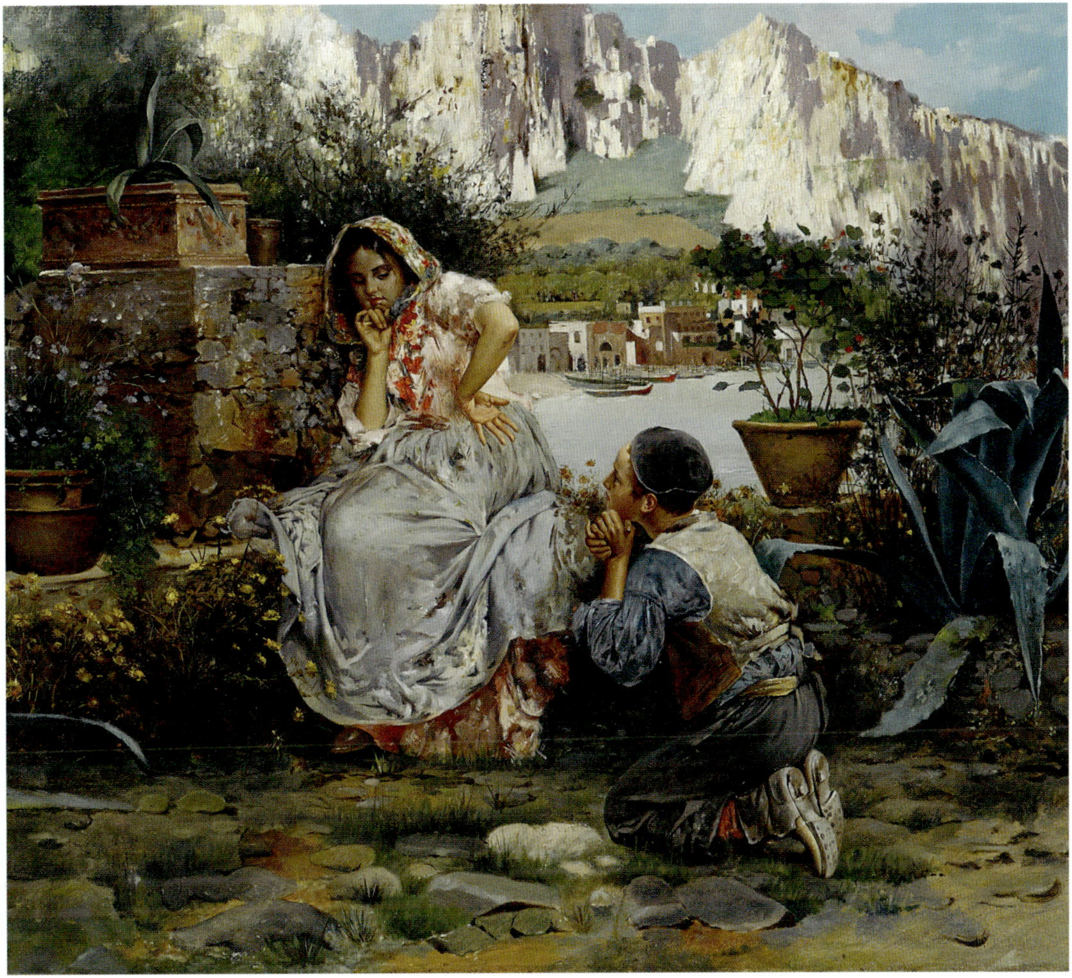

So läuft es dann wirklich.

Vincenzo Irolli (1860–1949): *Der abgelehnte Liebhaber*

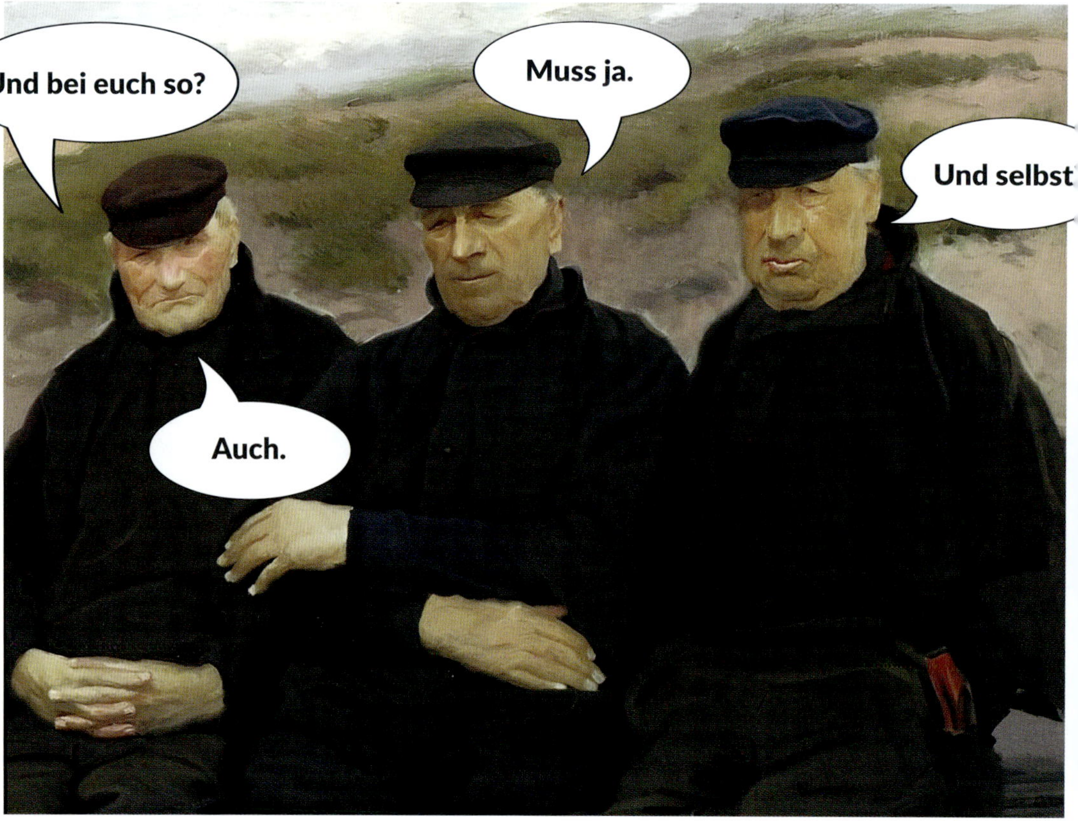

**Wahre Männerklischees #1:
Sie sind einsilbig.**

Stanisław Lentz: *Seewölfe von Scheveningen* (1903)

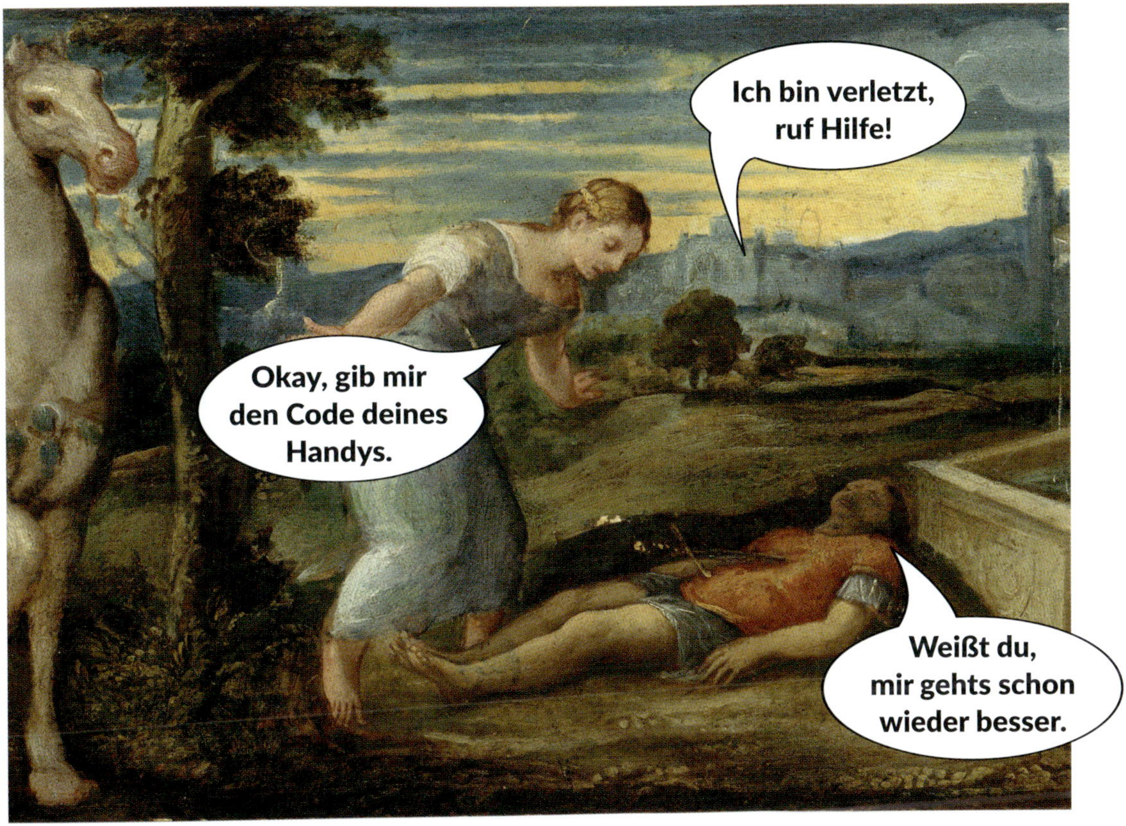

Wahre Männerklischees #2: Sie haben Geheimnisse.

Bonifazio Veronese (1487–1553): *Angelica und Medoro*

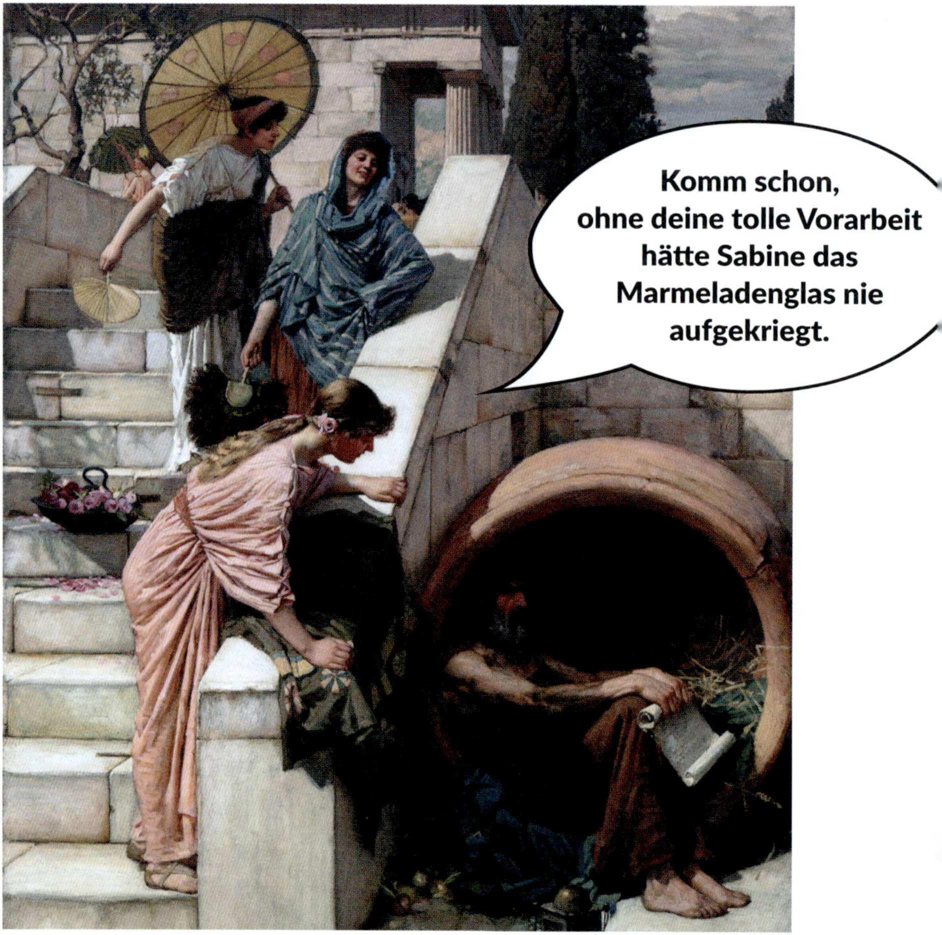

**Wahre Männerklischees #3:
Sie sind leicht eingeschnappt.**

John William Waterhouse: *Diogenes* (1882)

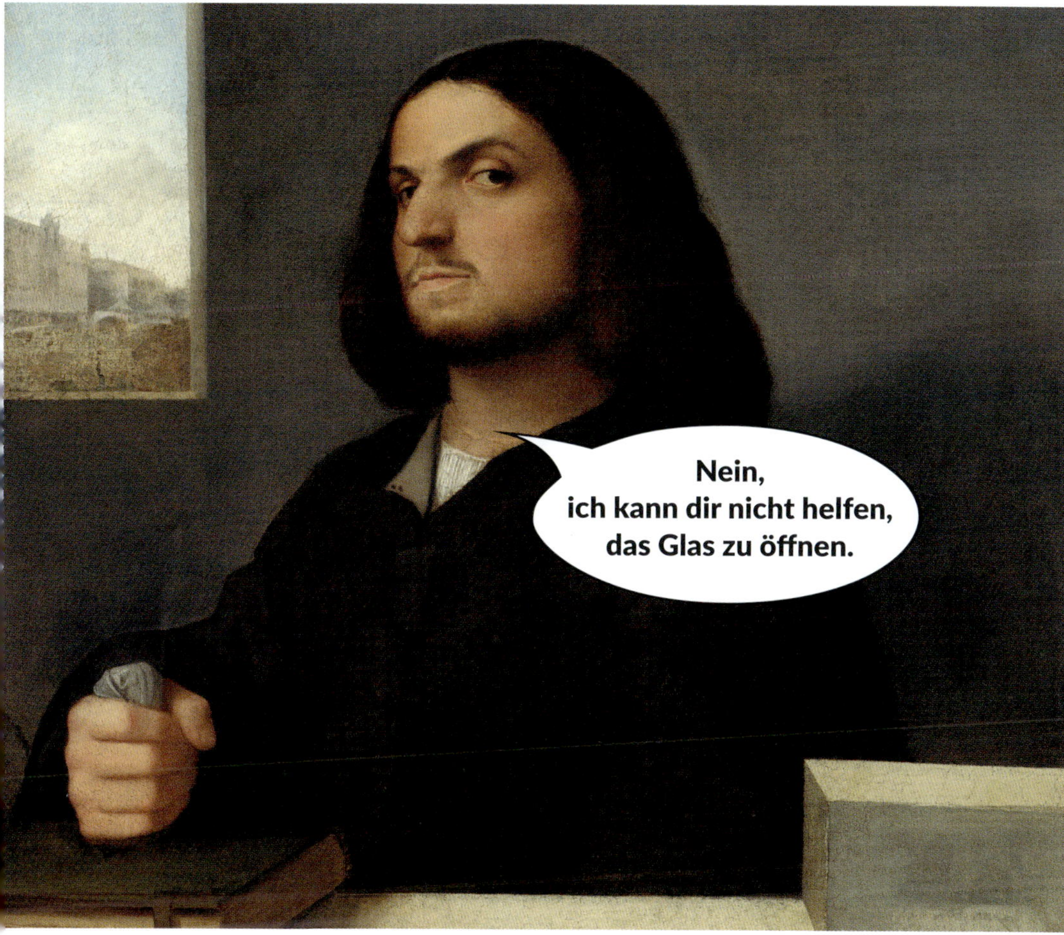

**Wahre Männerklischees #4:
Sie können sehr, sehr nachtragend sein.**

Giovanni Cariani: *Porträt eines venezianischen Edelmannes* (etwa 1510 bis 1515)

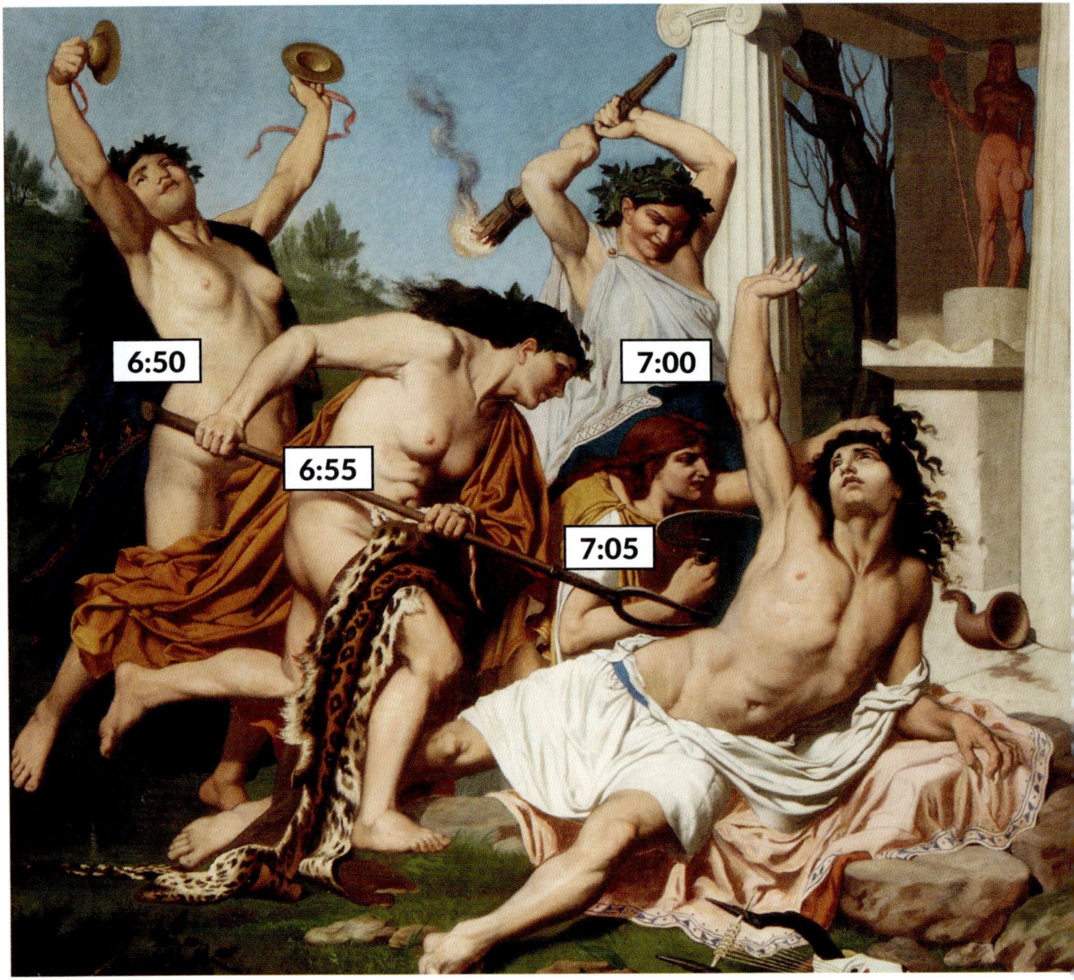

Wolfgang braucht vier Wecker, um morgens aus dem Bett zu kommen.

Émile Bin: *Orpheus' Tod* (1874)

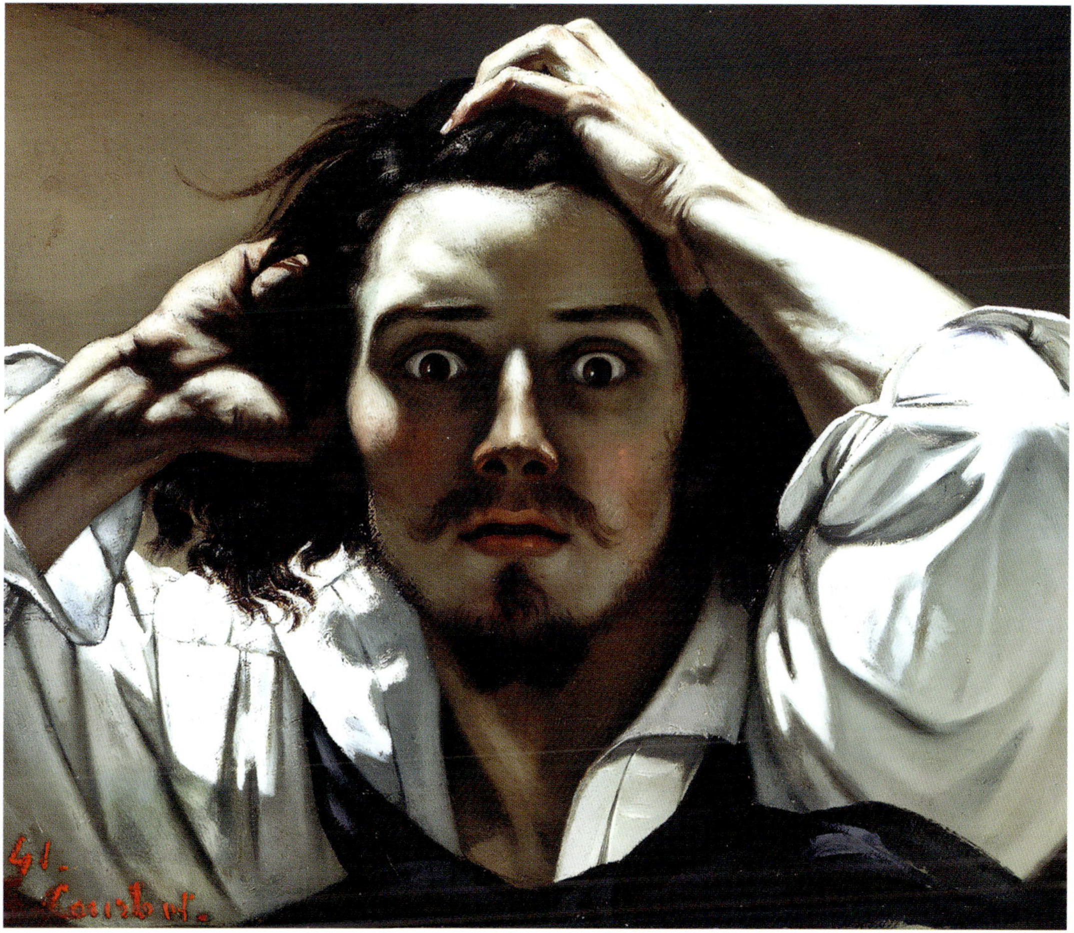

Michael fällt in der S-Bahn ein, dass er am Familien-PC die Browser-History nicht gelöscht hat.

Gustave Courbet: *Der Verzweifelte* (zwischen 1843 und 1845)

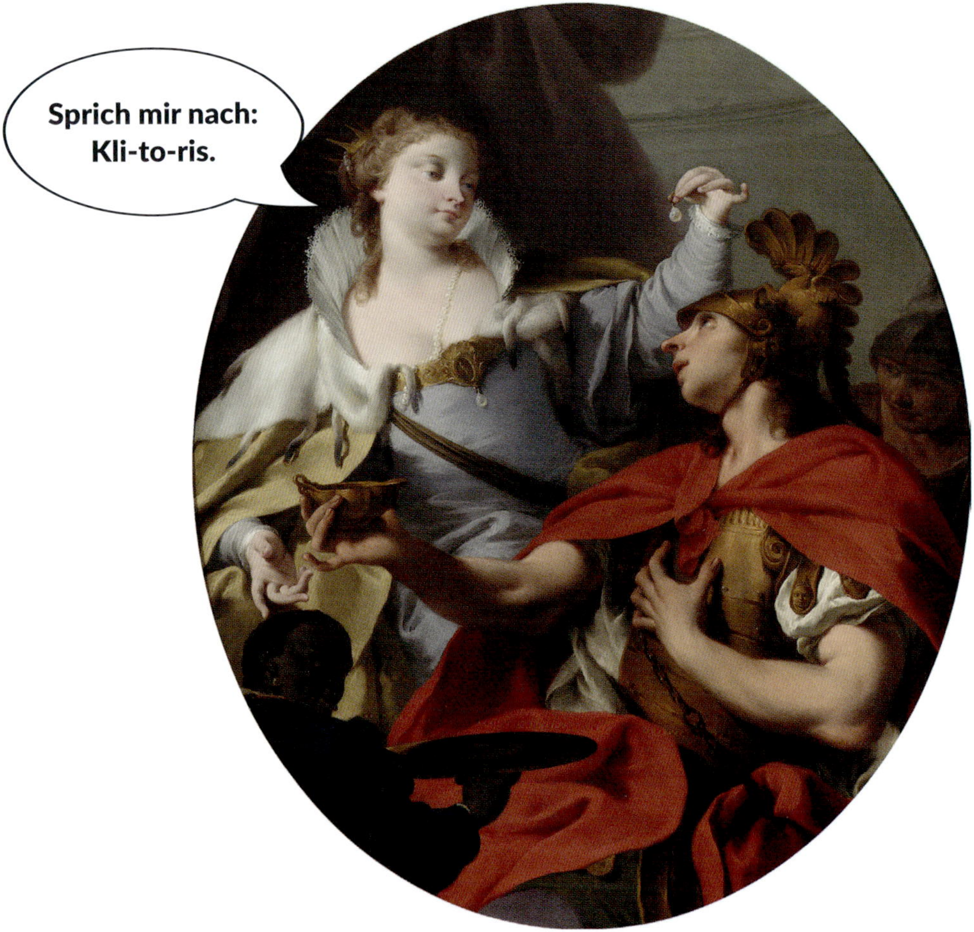

Um ein guter Liebhaber zu sein,
lässt Werner sich vorab detailliert briefen …

Giovanni Battista Pittoni: *Kleopatra und die Perle* (zwischen 1736 und 1739)

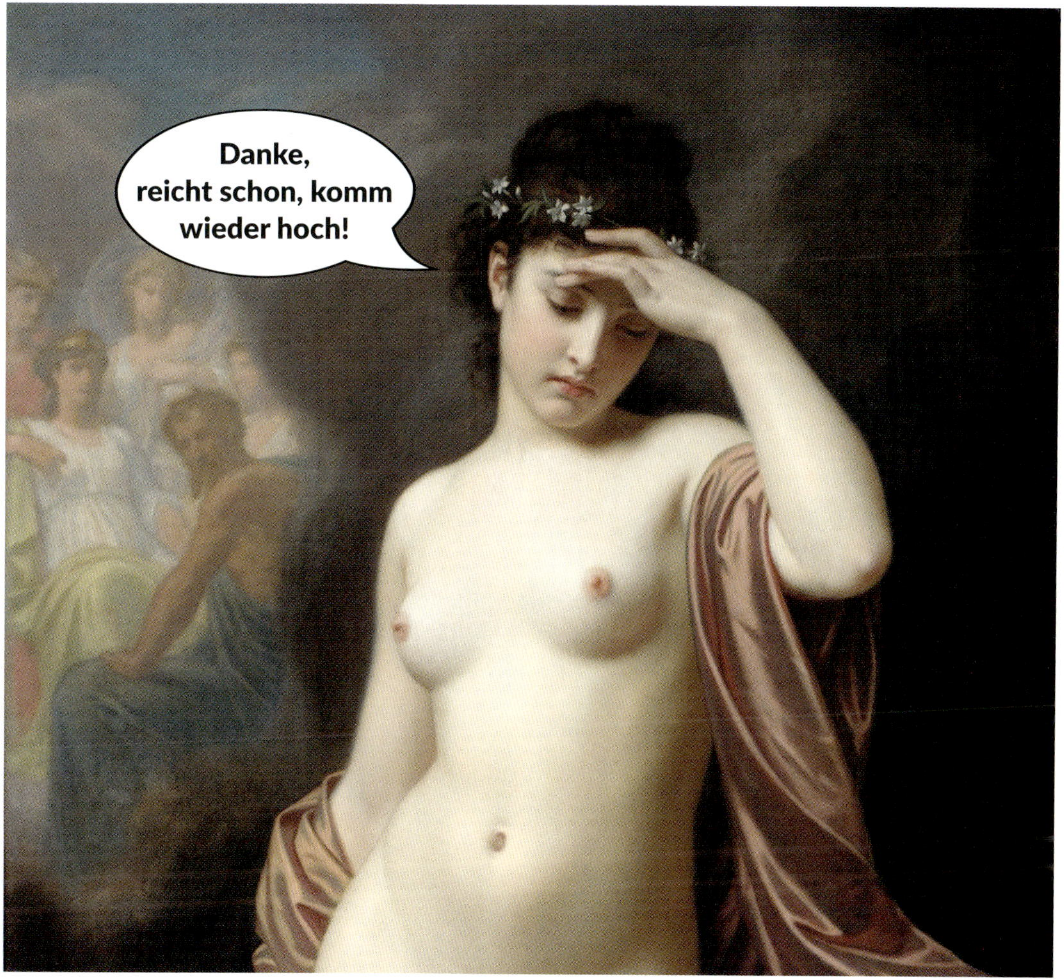

… nur um dann doch wieder nicht zu genügen.

Hugues Merle (1822–1881): *Hebe nach dem Fall*

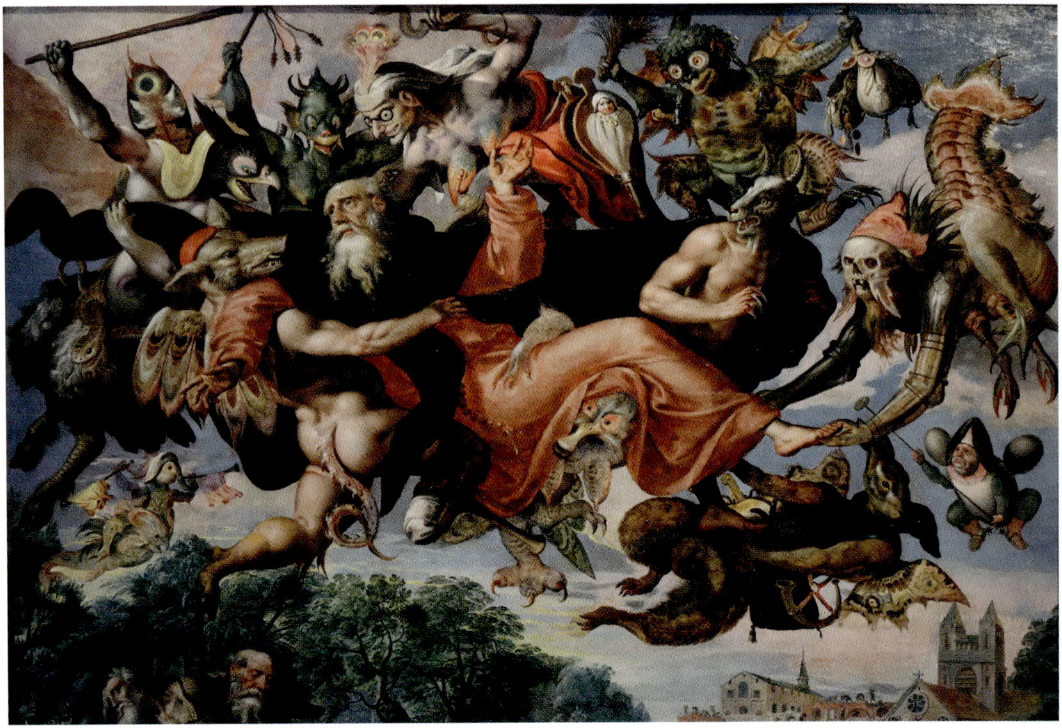

Warum Männer nicht multitasken können oder: Anton, wenn er versucht, mehr als zwei Dinge gleichzeitig im Kopf zu behalten.

Maerten de Vos: *Die Versuchung des Heiligen Antonius* (1594)

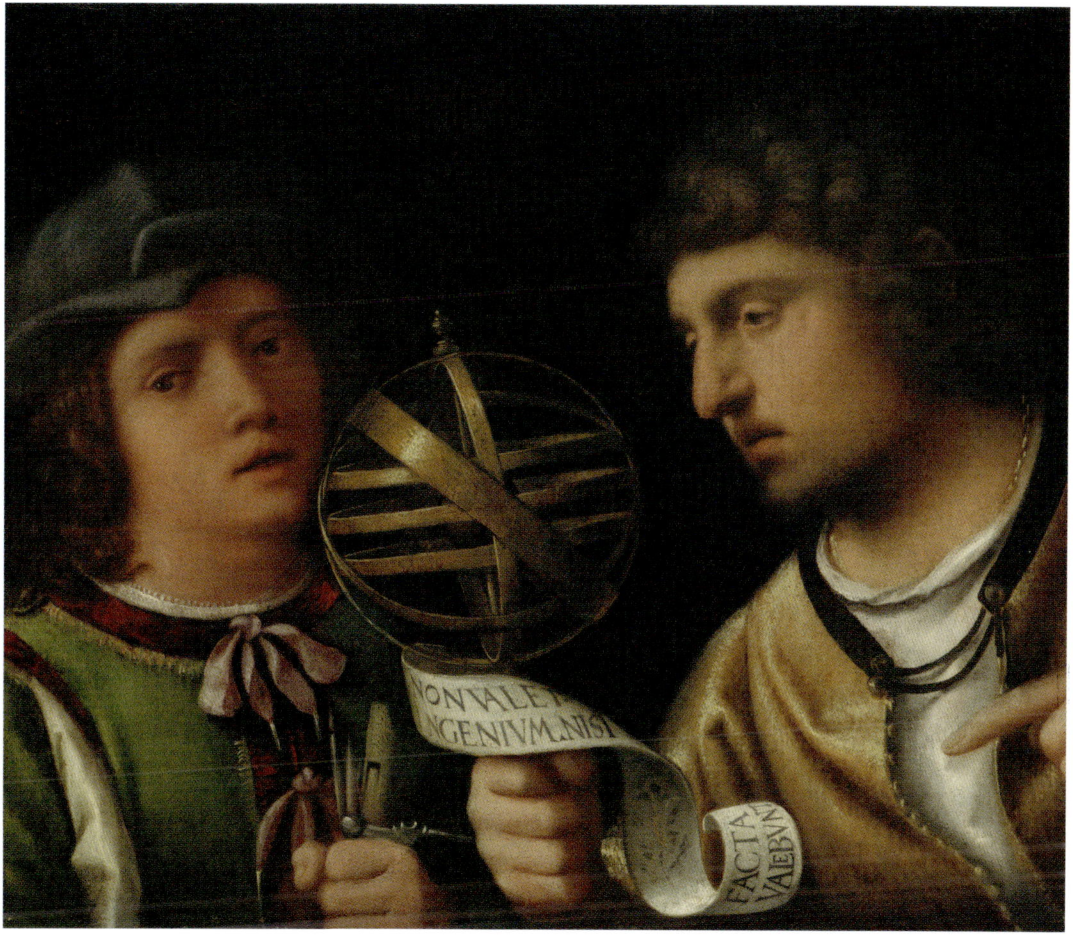

Karl und Basim haben sich das iZepter sofort geholt, obwohl sie keine Ahnung haben, wofür sie es brauchen.

Giorgione: *Giovanni Borgherini und sein Astrologe* (um 1505)

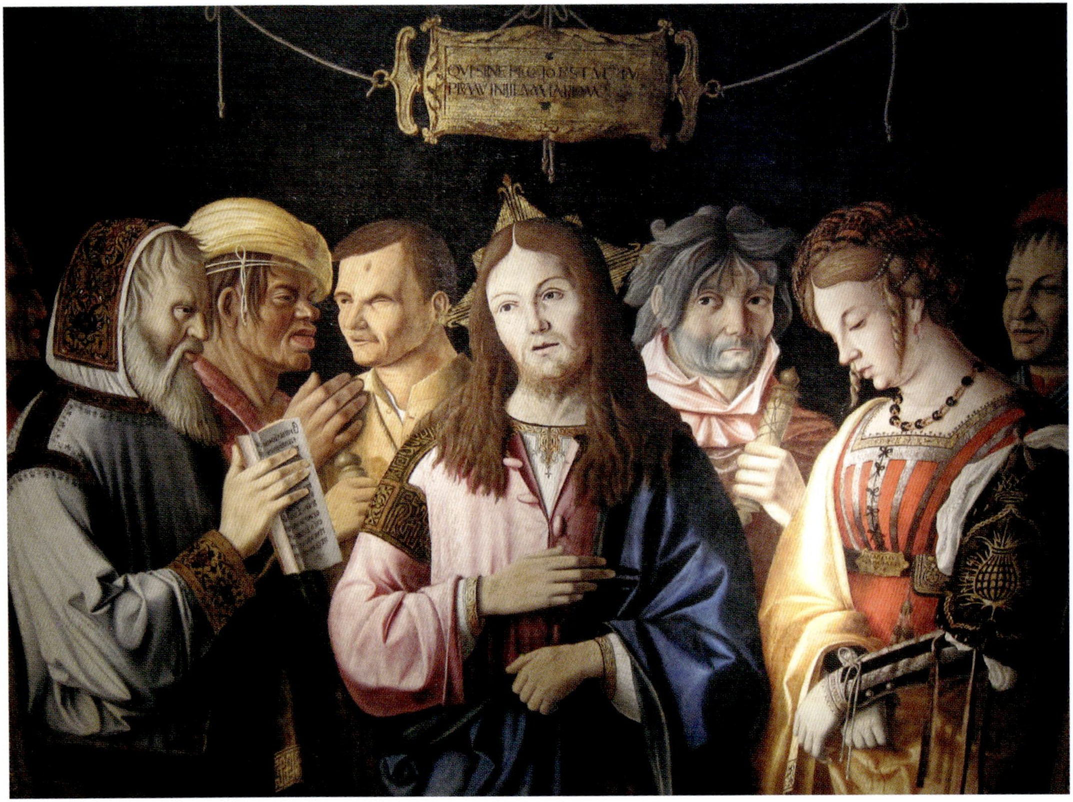

Im vollen Aufzug riecht es plötzlich streng,
und alle starren vorwurfsvoll auf Thomas.

Marco Marziale: *Christus und die Ehebrecherin* (um 1506)

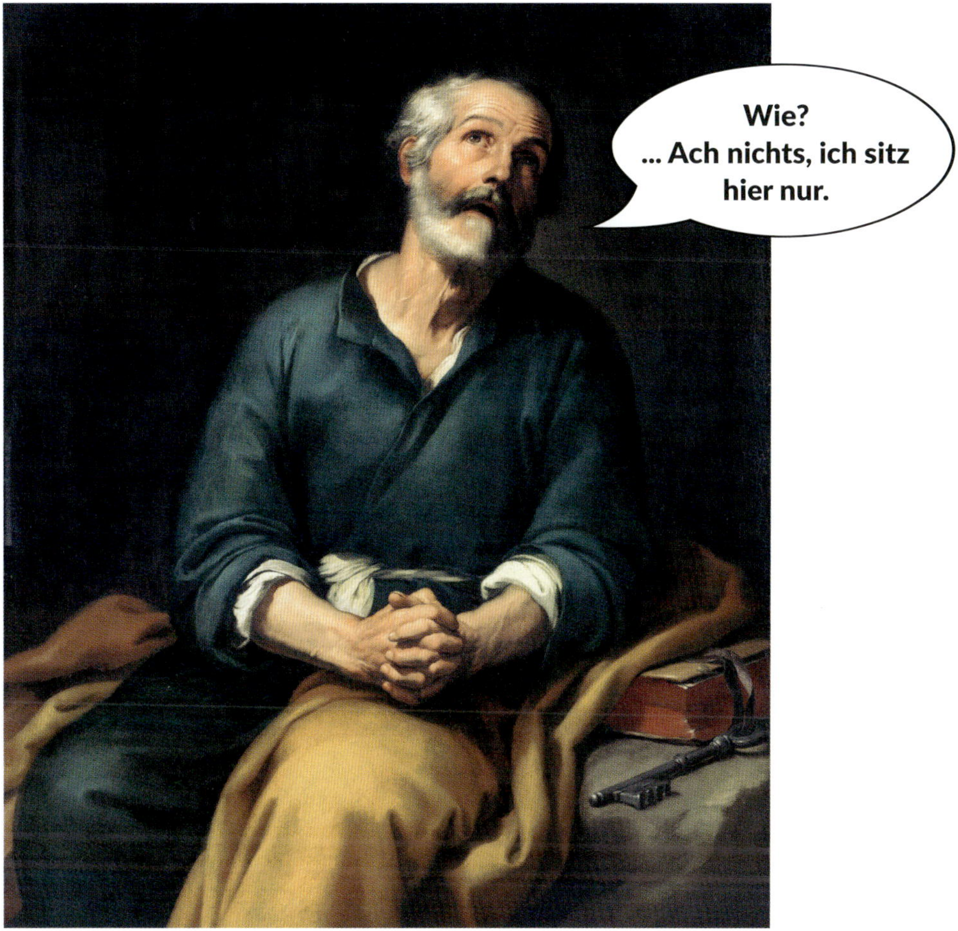

Um ein Haar wäre Klaus von seiner Frau beim Onanieren erwischt worden.

Bartolomé Esteban Murillo: *Der heilige Petrus unter Tränen* (zwischen 1650 und 1655)

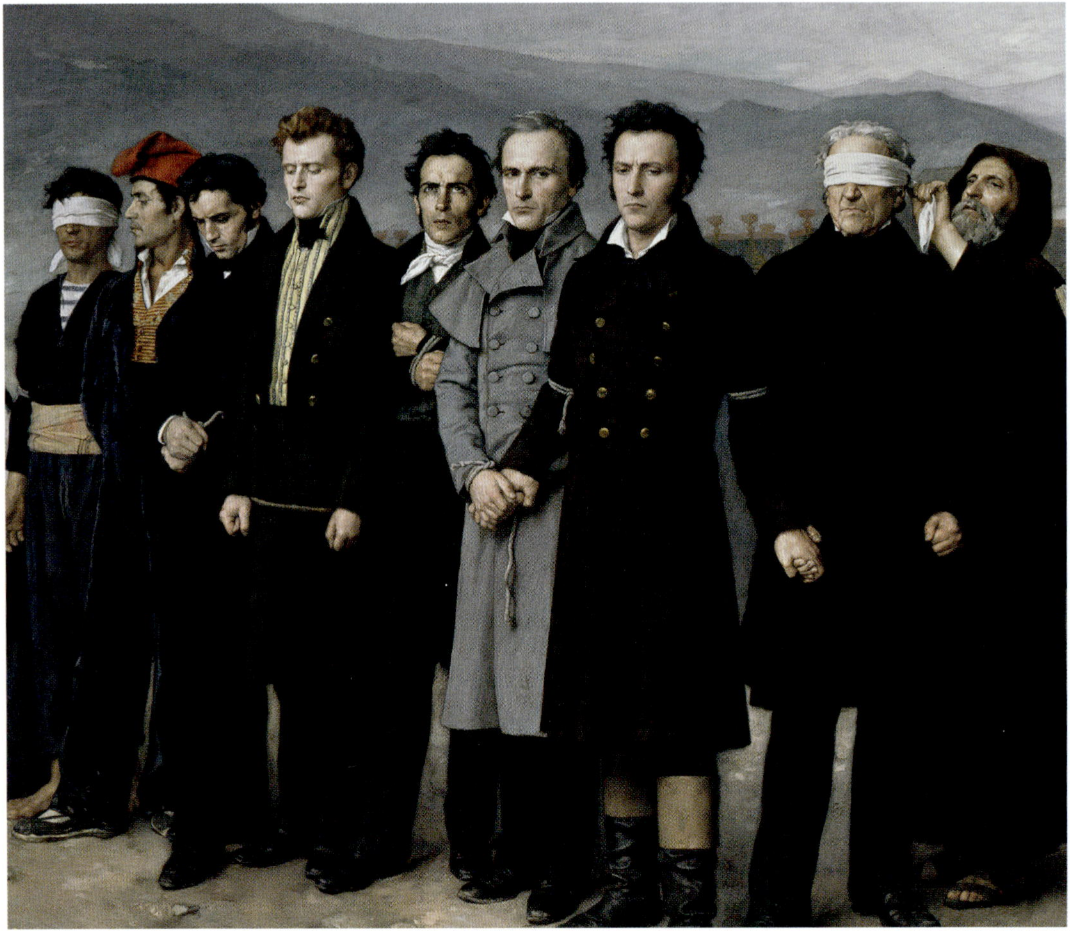

Als der Chef fragt, wer am Wochenende Zeit hat, will niemand aus dem Team Blickkontakt aufnehmen.

Antonio Gisbert: *Exekution von Torrijos und seinen Gefährten am Strand von Málaga* (1888)

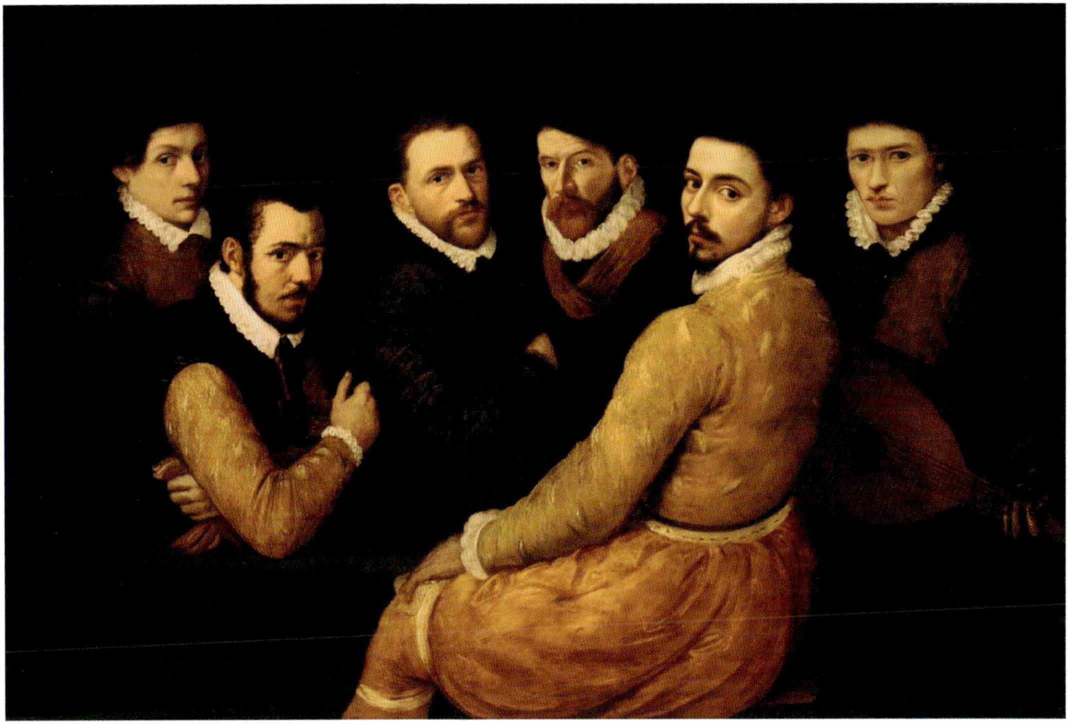

Manfred hat zum Herrenabend einfach mal seine neue Freundin mitgebracht.

Unbekannter Künstler: *Gruppe von sechs Männern* (zwischen 1500 und 1599)

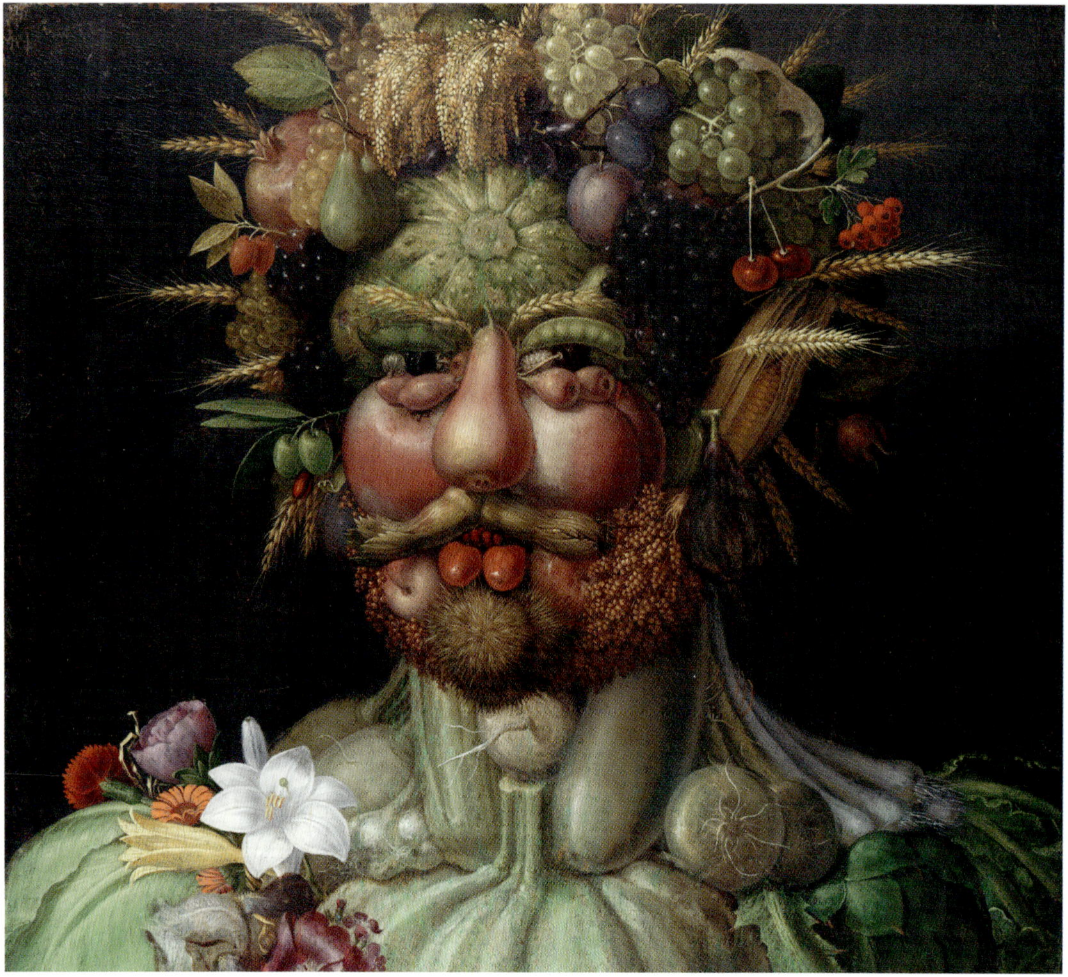

Heinz erzählt erst mal jedem, dass er Veganer ist.

Giuseppe Arcimboldo: *Vertumnus und Porträt von Rudolf II. von Habsburg* (1591)

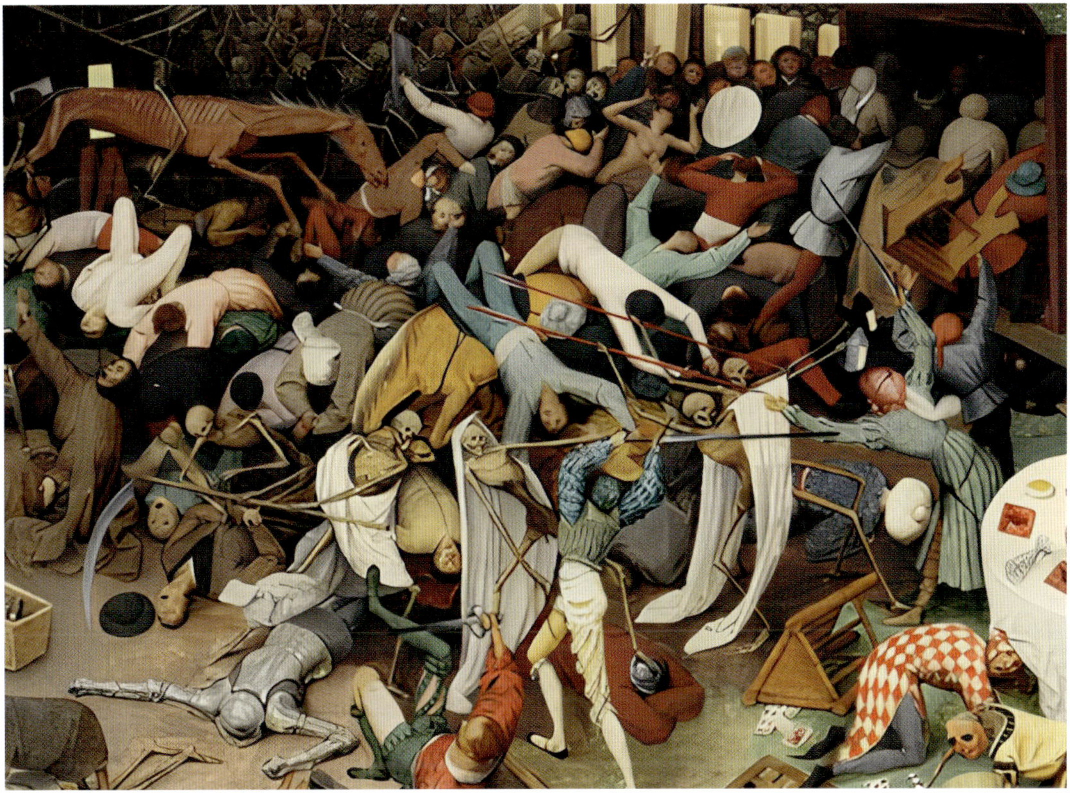

Black Friday oder: Warum Männer ungern Einkaufen gehen.

Pieter Bruegel der Ältere: *Der Triumph des Todes* (um 1562)

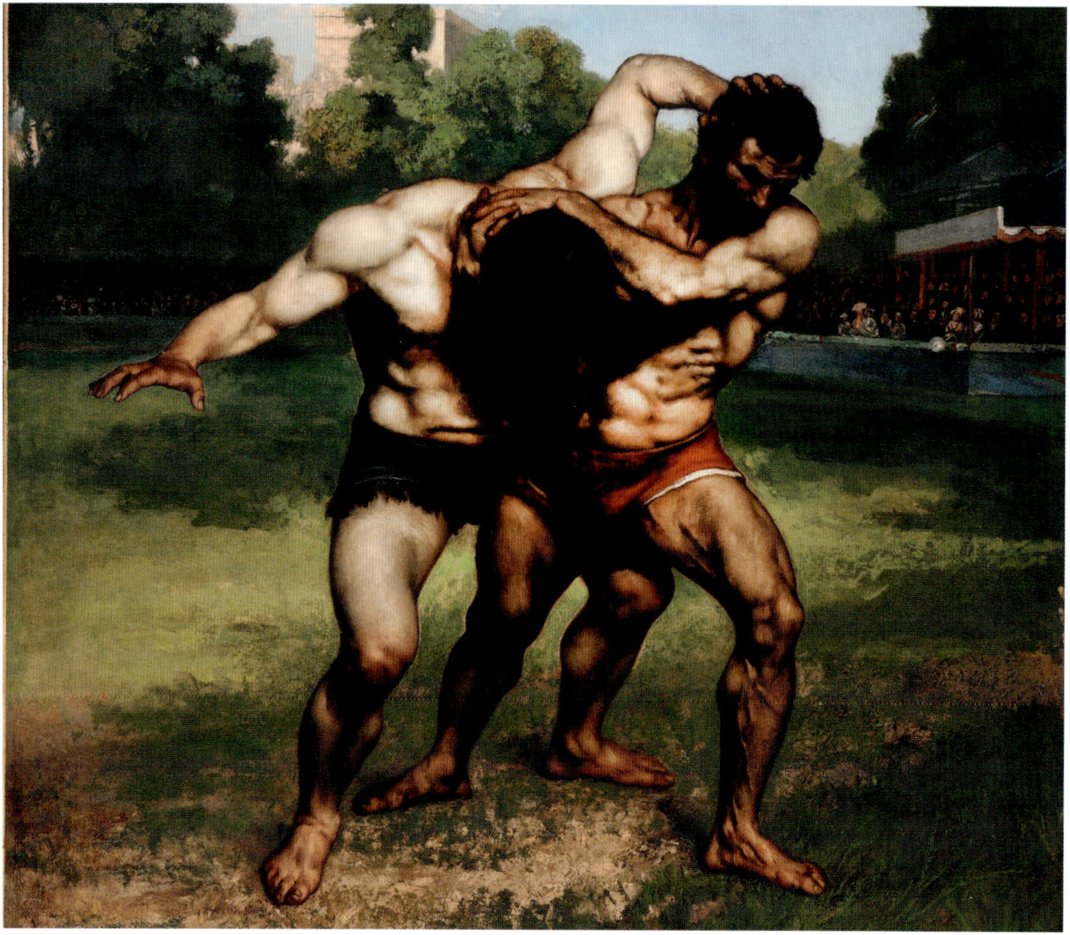

In der guten alten Zeit haben sich Männer noch um die Gunst einer Frau geprügelt.

Gustave Courbet: *Ringkämpfer* (1853)

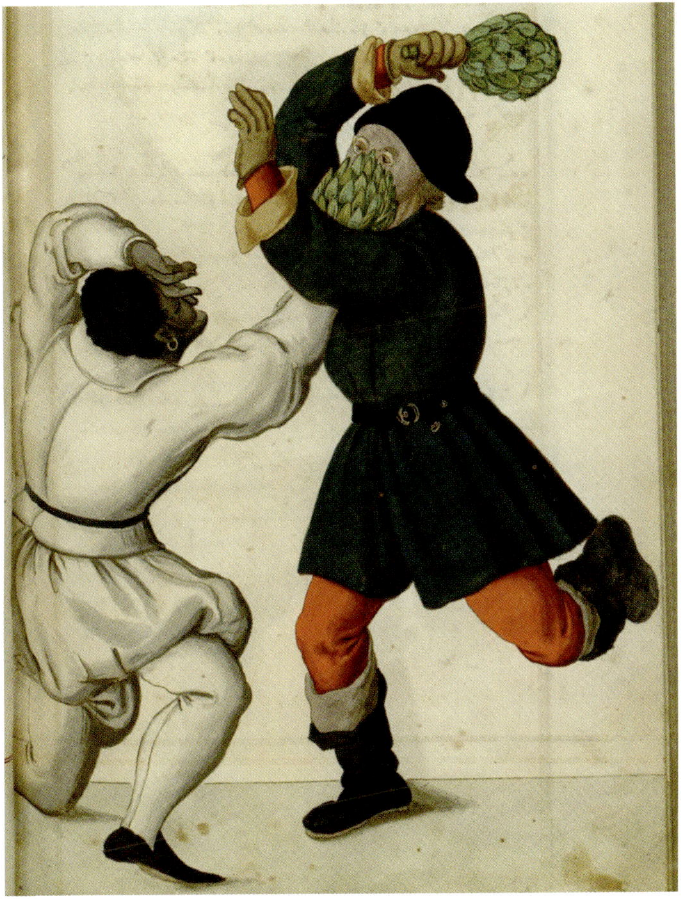

Moderne Männer prügeln sich darum, wer zuerst seine Bio-Artischocke auf den Elektrogrill legen darf.

Unbekannter Künstler: Zeichnung aus dem Schembartbuch im Besitz des Sebastian Schedel (16. Jahrhundert)

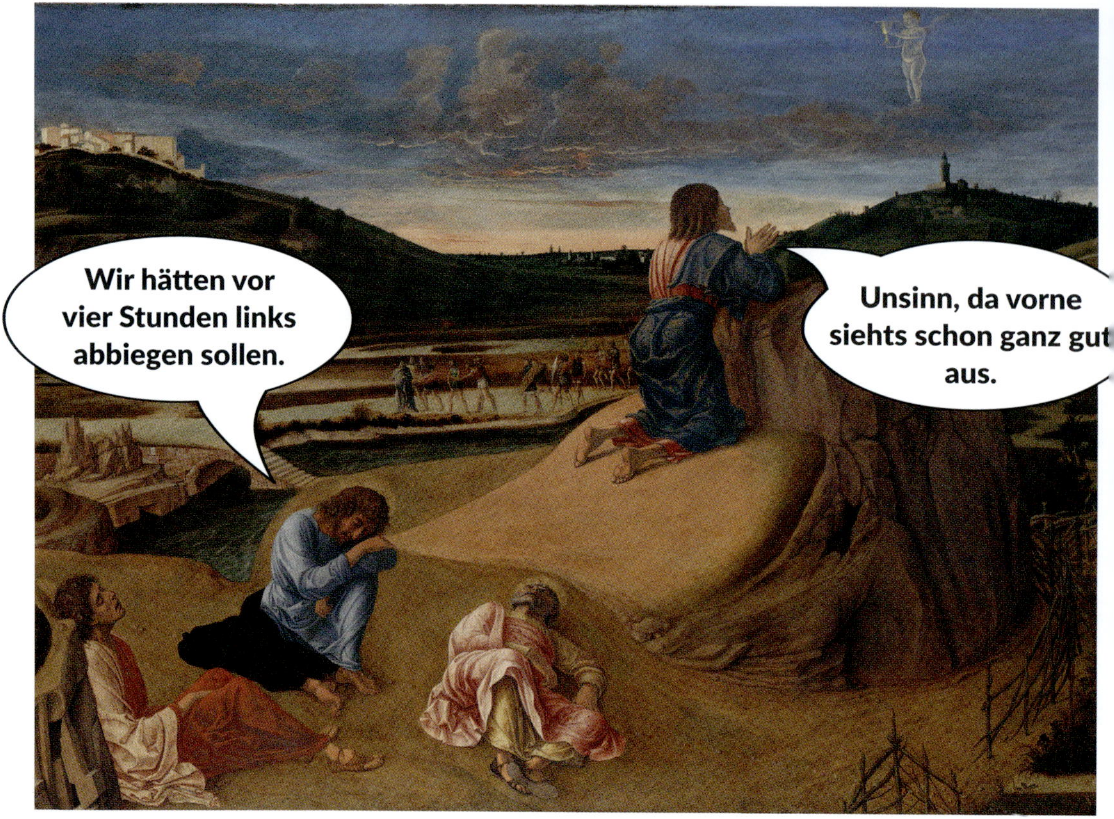

Wahre Männerklischees #5:
Sie fragen niemals, wirklich niemals nach dem Weg.

Giovanni Bellini: *Christus am Ölberg* (etwa 1458 bis 1460)

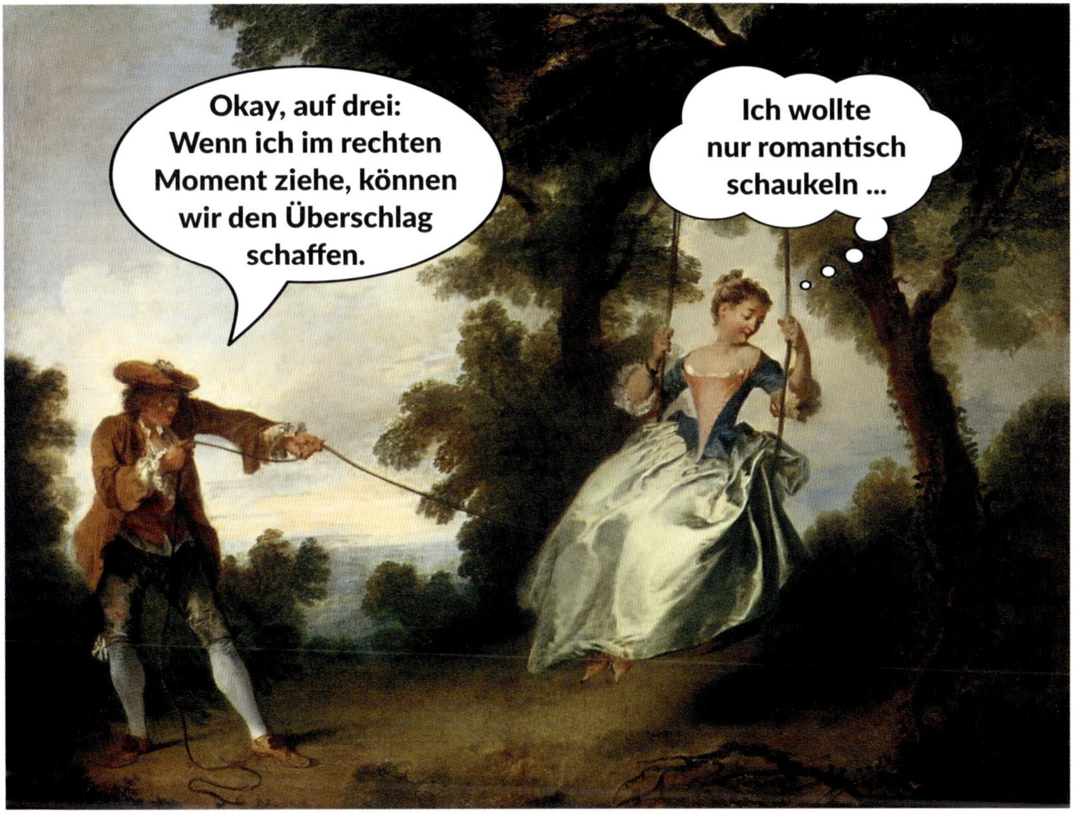

**Wahre Männerklischees #6:
Alles ist ein Wettbewerb.**

Nicolas Lancret: *Die Schaukel* (um 1735)

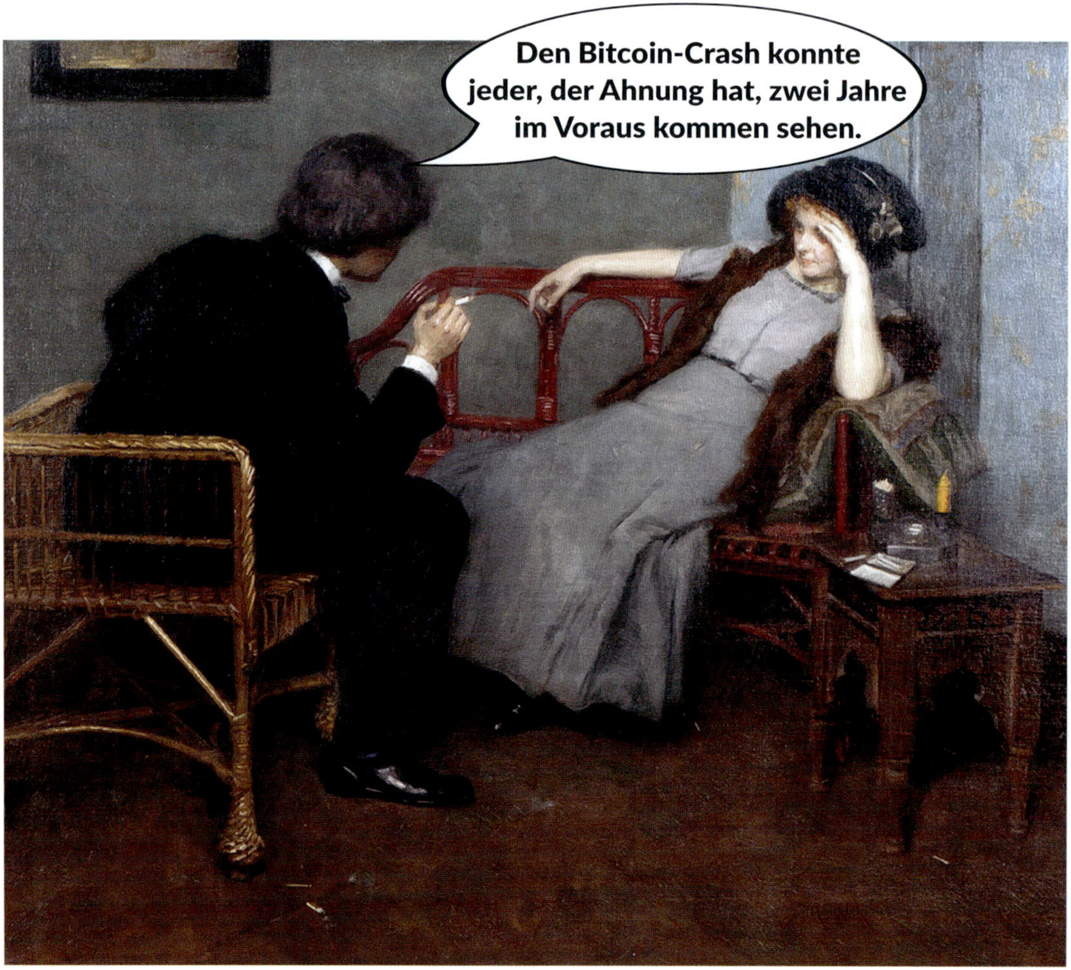

Wahre Männerklischees #7:
Sie erklären Frauen gerne die Welt.

Simon Glücklich: *Paar im Gespräch* (um 1900)

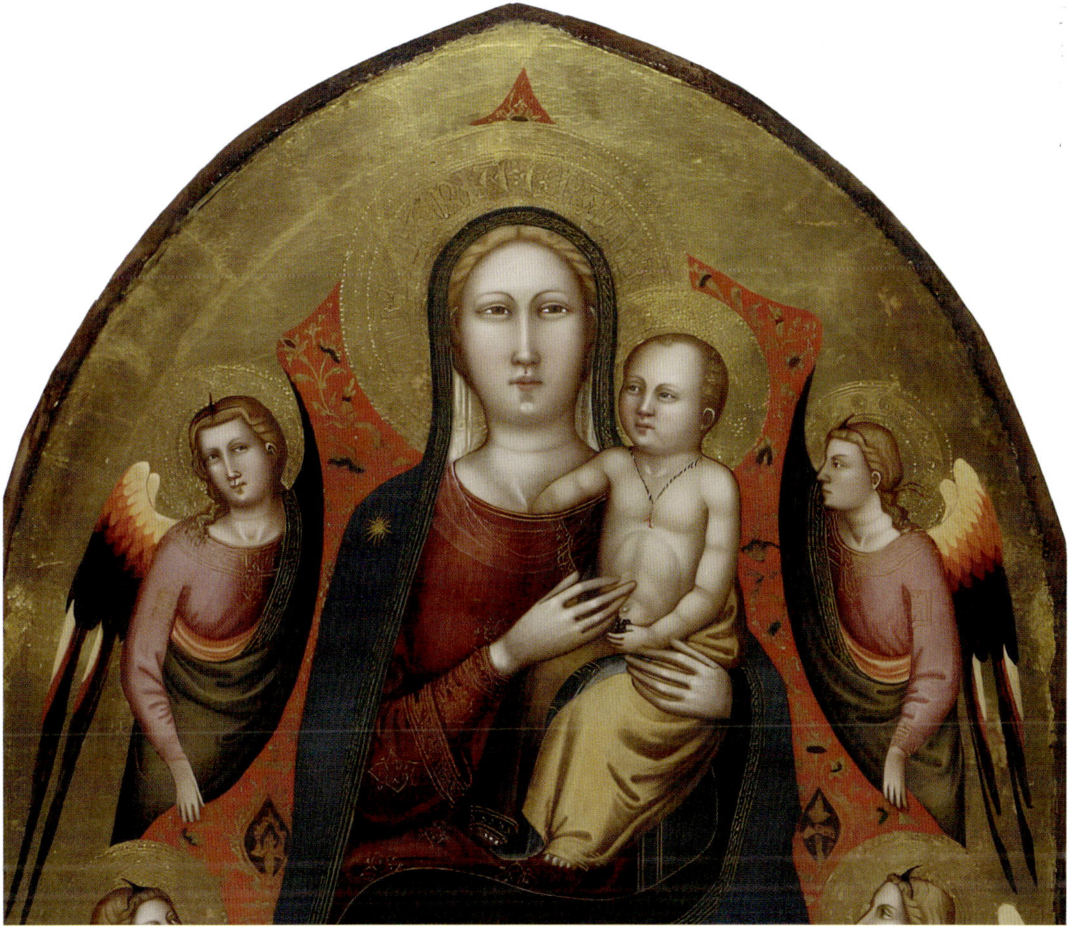

Wahre Männerklischees #8:
Sie kommen nie von ihren Müttern los.

Lorenzo di Bicci (1350–1427): *Madonna und Kind mit Engeln*

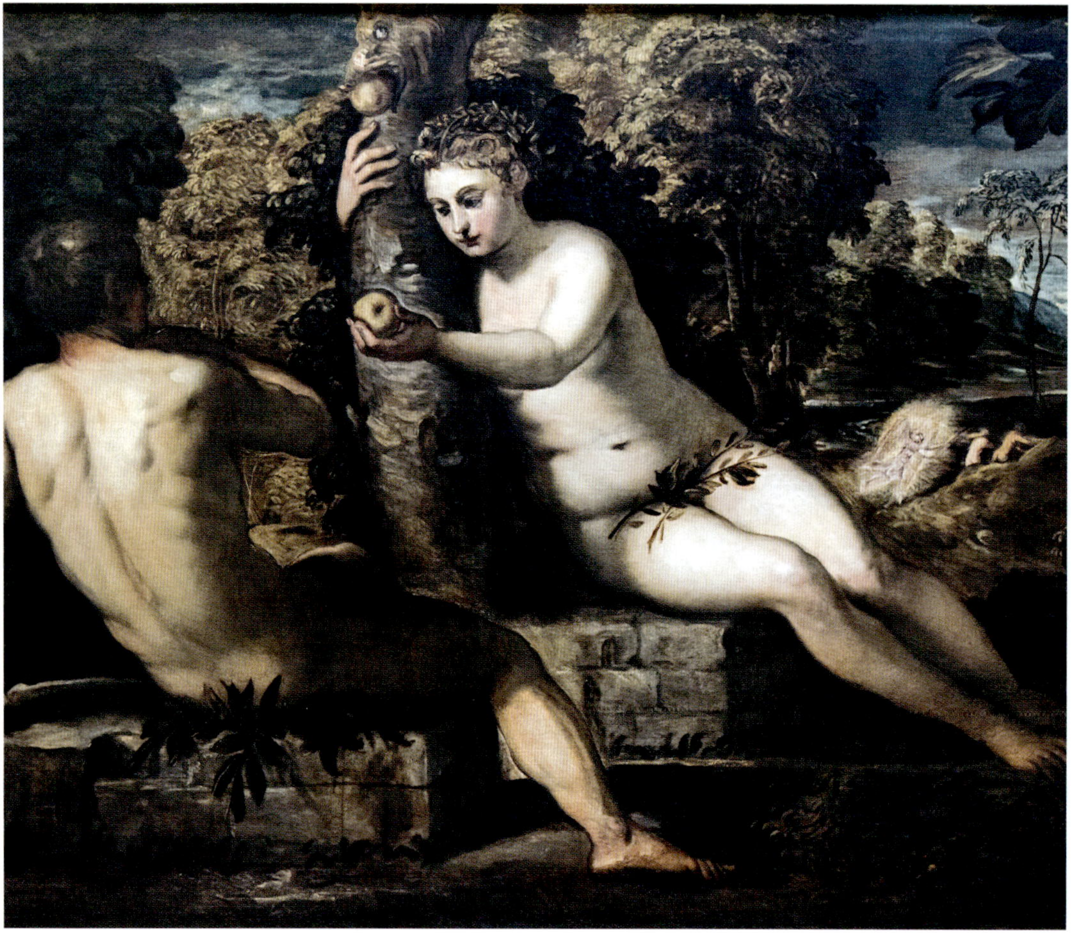

Die gefährlichste Frage, die ein Mann zu hören bekommen kann: »Findest du, ich habe zugenommen?«

Jacopo Tintoretto: *Adam und Eva* (1550)

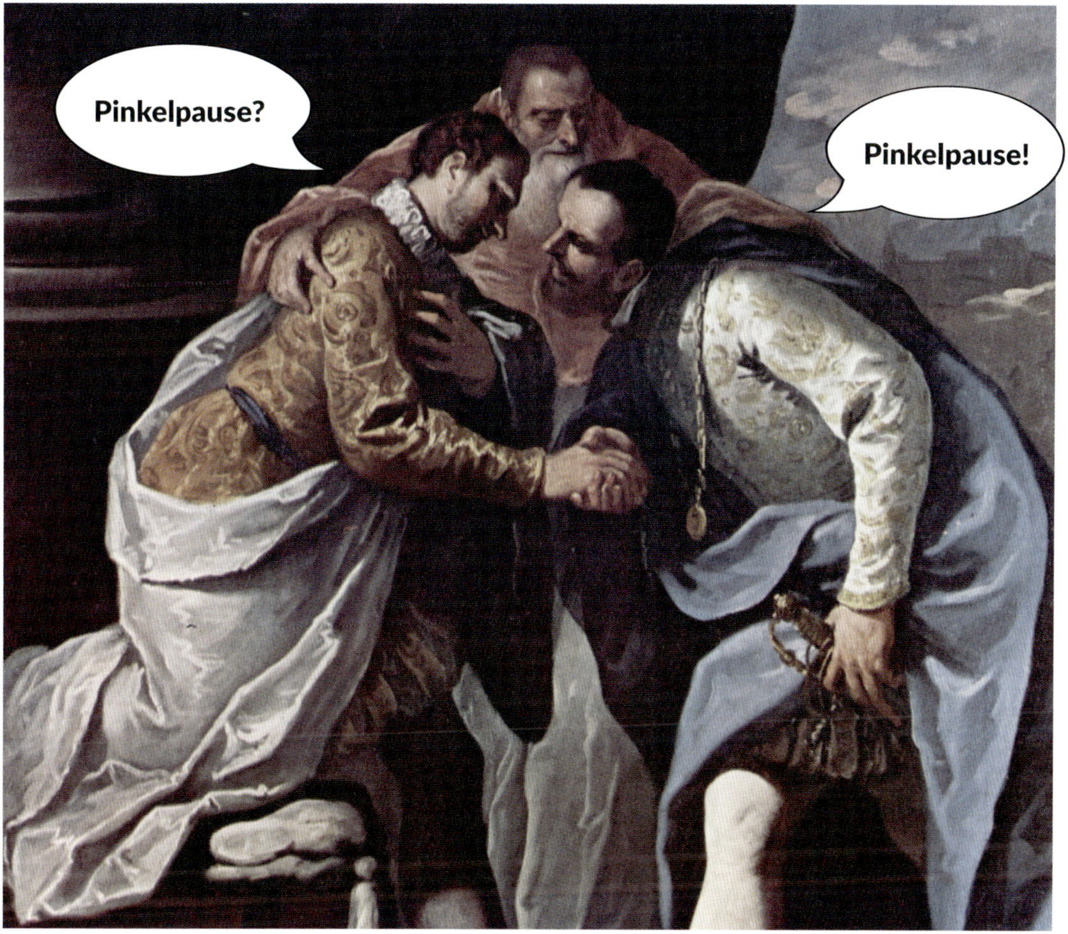

Nichts ist so dämlich, dass Männer es nicht per Handschlag besiegeln könnten.

Sebastiano Ricci: *Paul III. versöhnt Franz I. und Karl V.* (1687)

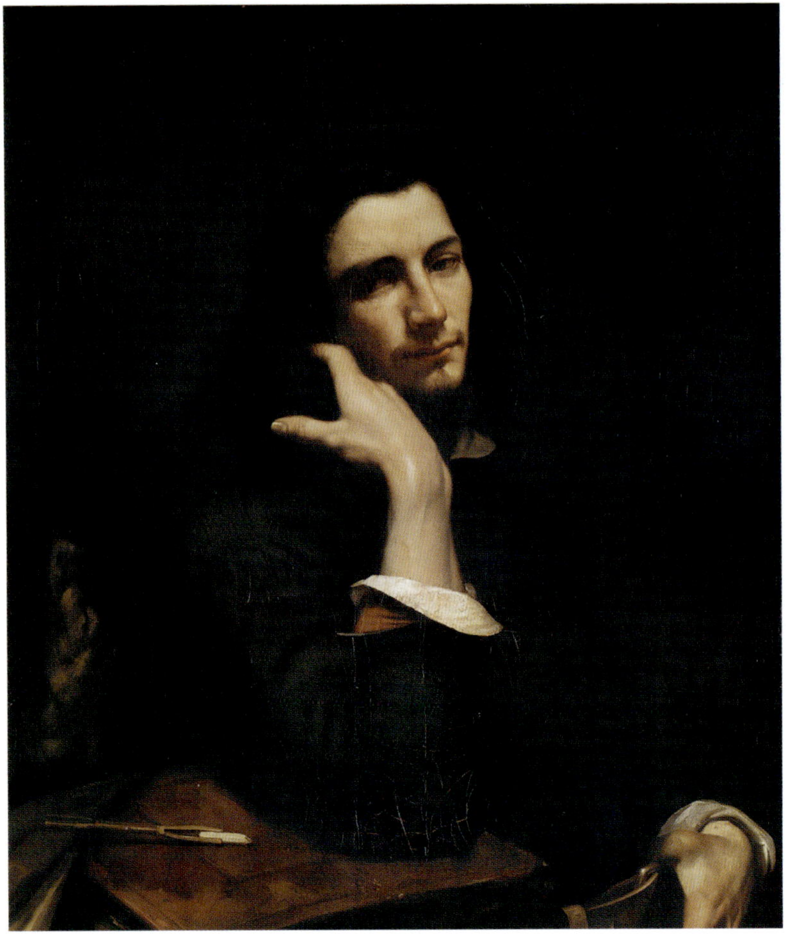

Helmut kauft seine Haarpflegeprodukte im Damenbereich, weil es bei den Männern einfach nichts für dunkle Korkenzieherlocken gibt.

Gustave Courbet: *Mann mit Ledergürtel*, *Selbstporträt* (zwischen 1845 und 1846)

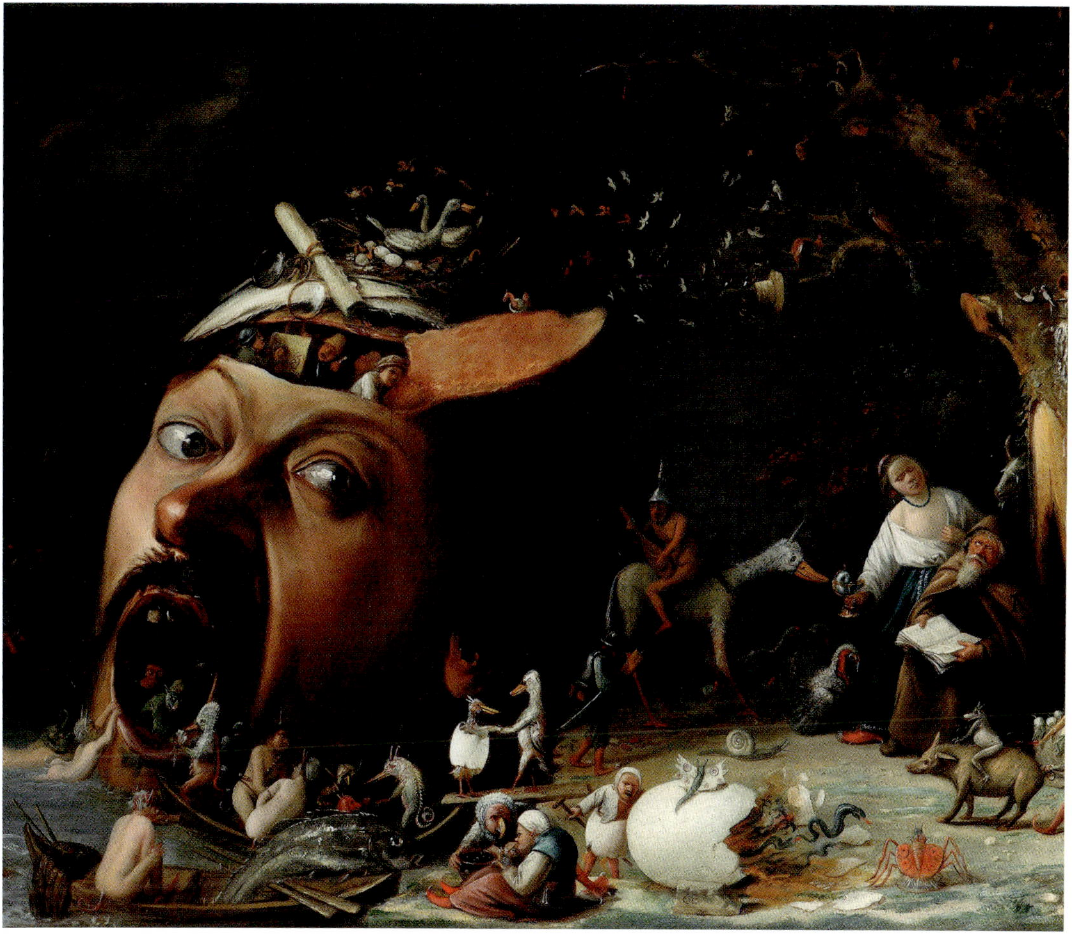

Warum die Frage »Woran denkst du gerade?« oft so schwierig zu beantworten ist.

Joos van Craesbeeck: *Die Versuchung des heiligen Antonius* (um 1650)

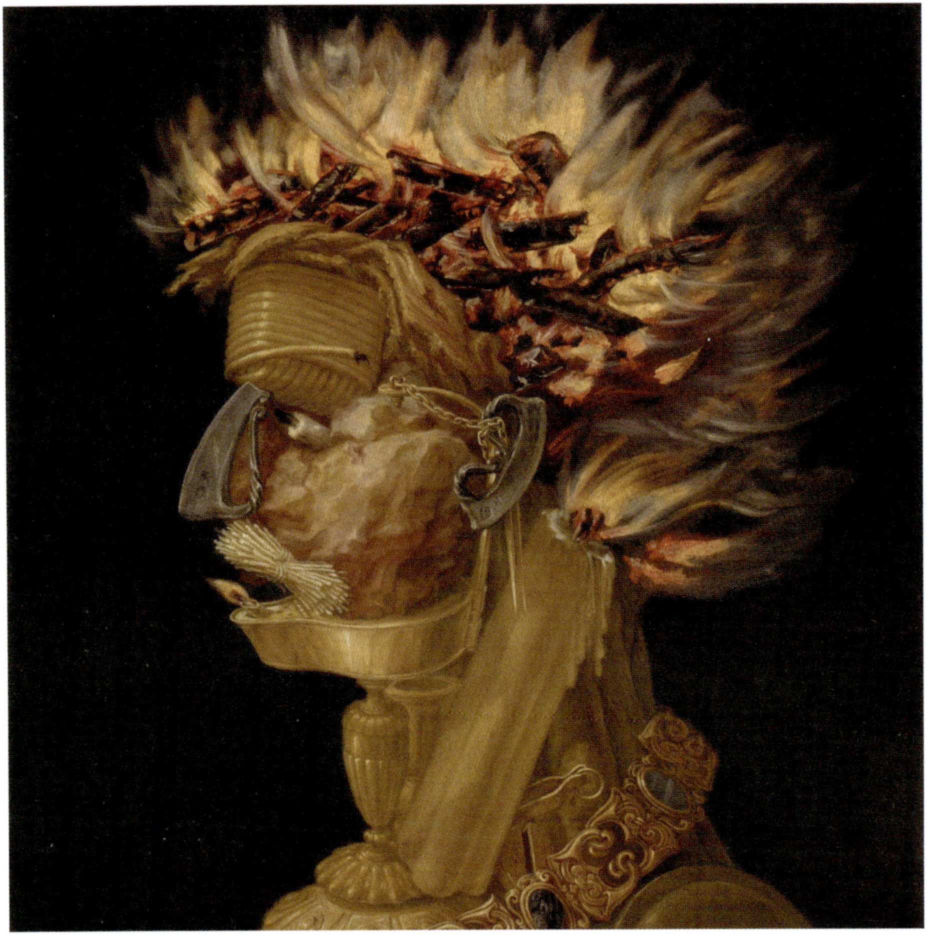

Sobald es Frühling wird, kennt Dieter nur noch ein Thema: seinen Weber-Grill.

Giuseppe Arcimboldo: *Feuer* (1566)

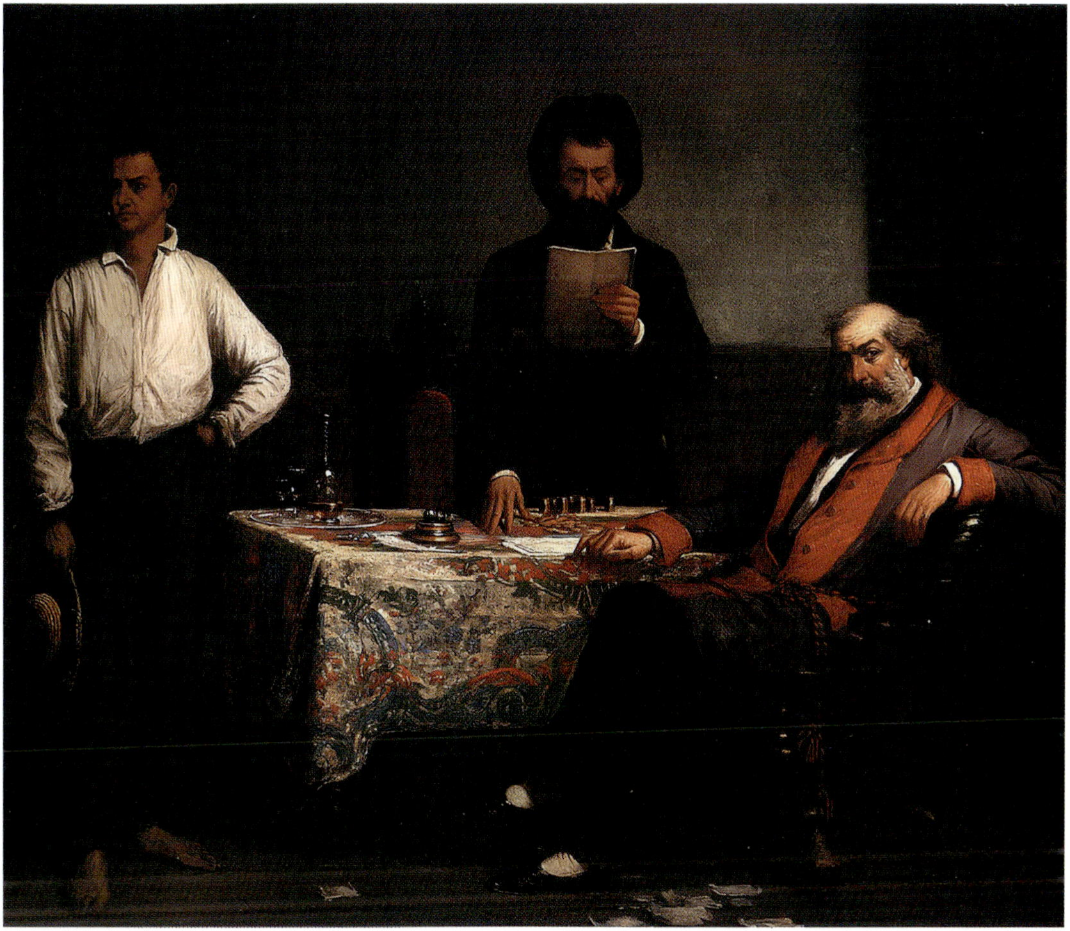

Erst nach vier Stunden *Monopoly* und einem handfesten Streit beschließen Karl, Josef und Fritz, einmal ins Regelbuch zu schauen.

Thomas Satterwhite Noble: *Der Preis des Blutes* (1868)

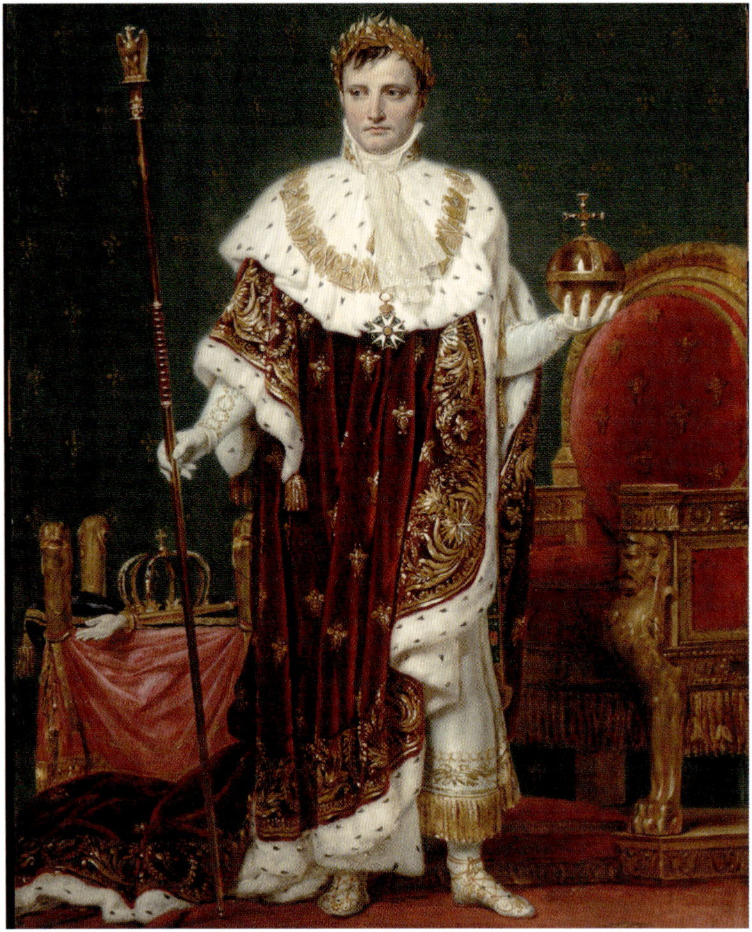

Selbst die beste Funktionskleidung und das neueste Gadget helfen nicht gegen Jürgens Midlife-Crisis.

Jacques-Louis David: *Kaiser Napoleon I.* (um 1807)

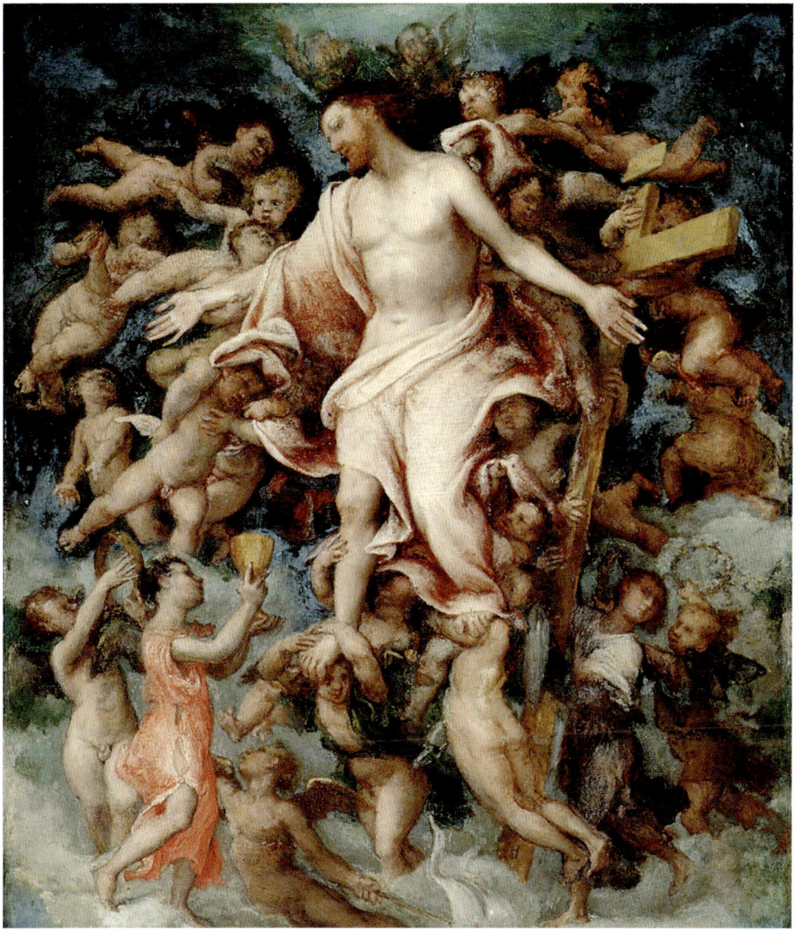

Frank muss nachts manchmal an jedes geplatzte Kondom der vergangenen 25 Jahre denken.

Lorenzo Lotto: *Christus, sein Blut spendend* (1543)

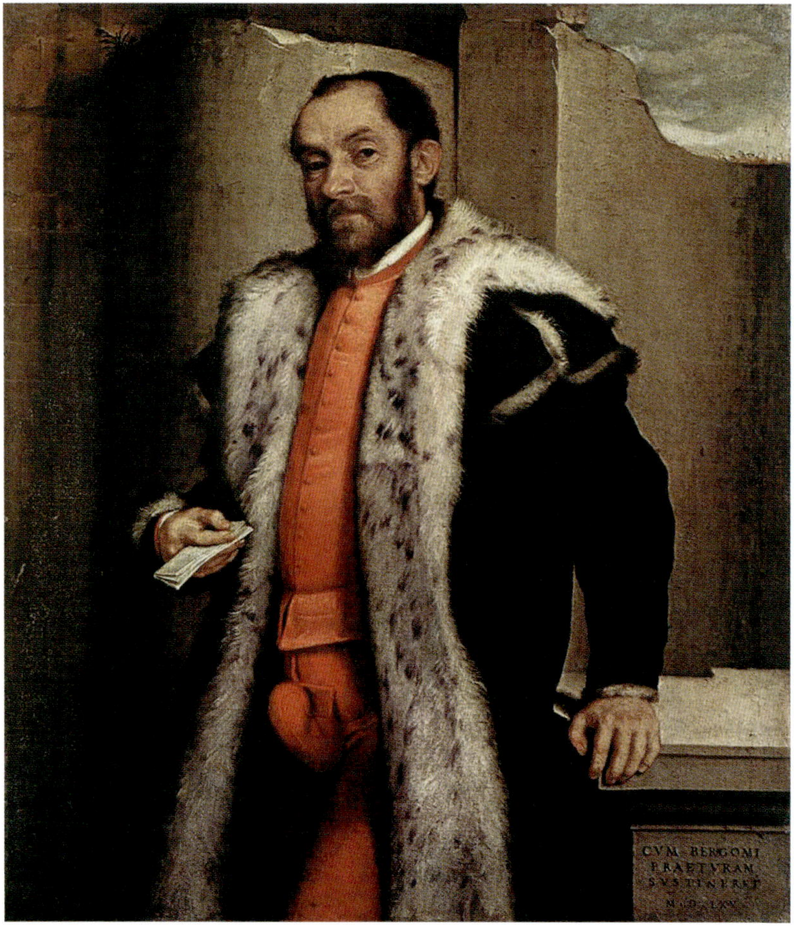

Bernd kann es einfach nicht verbergen, wenn er jemanden richtig sexy findet.

Giovanni Battista Moroni: *Porträt von Antonio Navagero* (1565)

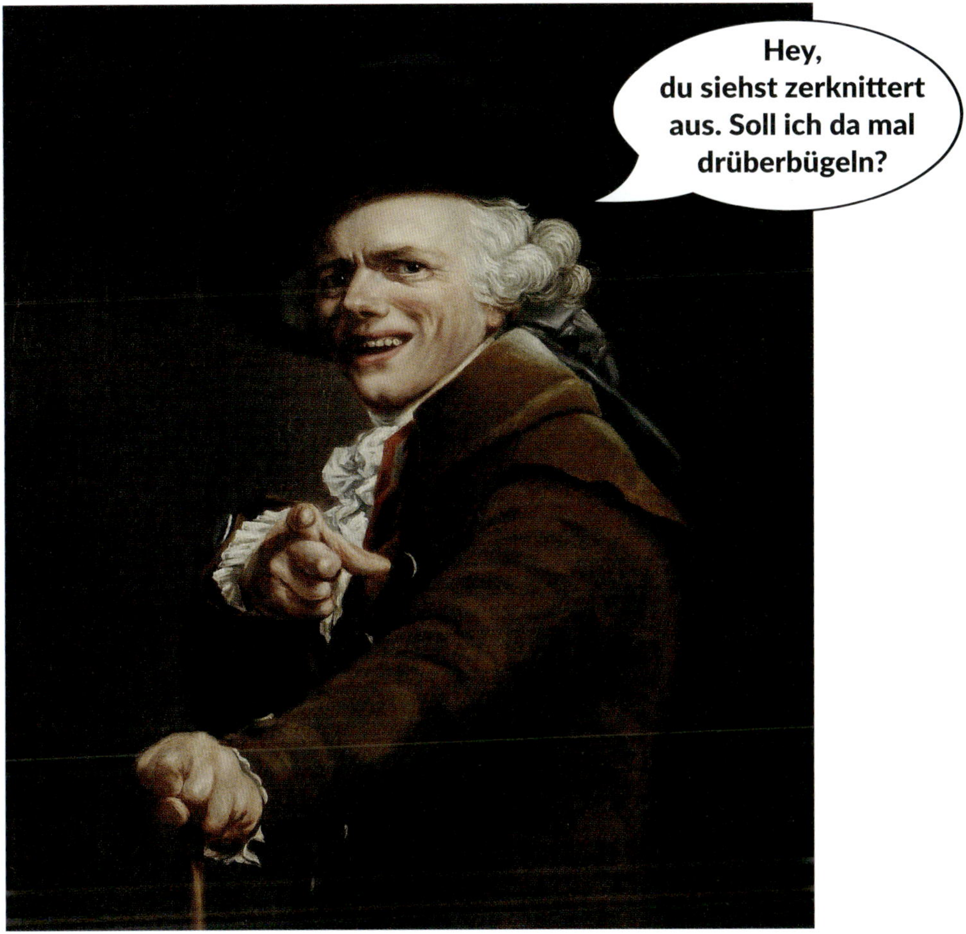

Herbert weigert sich, seinen Anmachspruch zu wechseln, obwohl er seit 45 Jahren Junggeselle ist.

Joseph Ducreux: *Selbstporträt des Künstlers als Spötter* (1791)

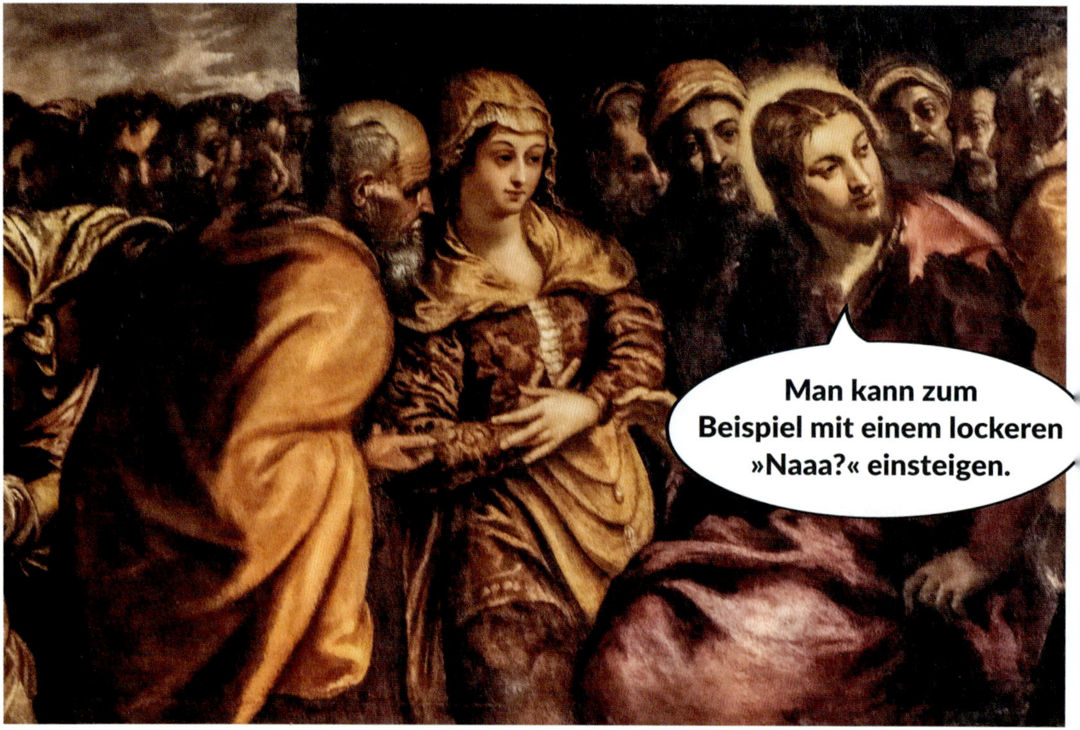

Auch das völlig überteuerte »Richtig flirten«-Seminar hat Fritz nicht geholfen ...

Jacopo Tintoretto (1519–1594): *Christus und die Ehebrecherin*

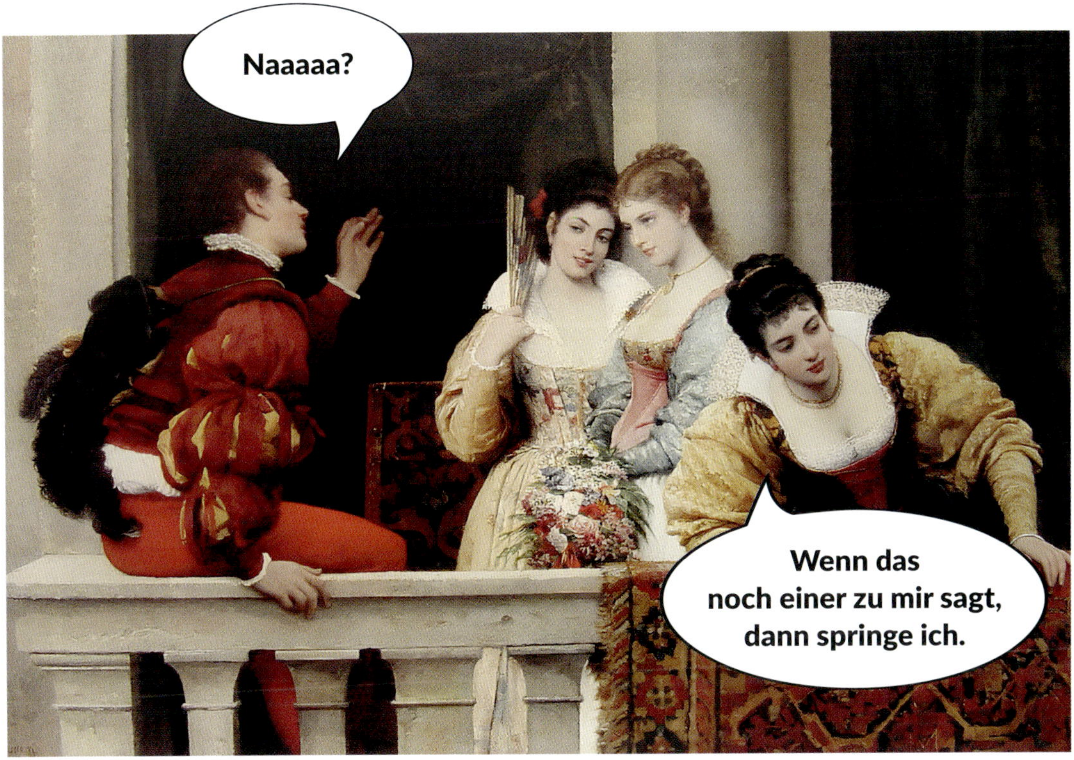

... denn am lebenden Objekt ist alles komplizierter.

Eugene de Blaas: *Auf dem Balkon* (1877)

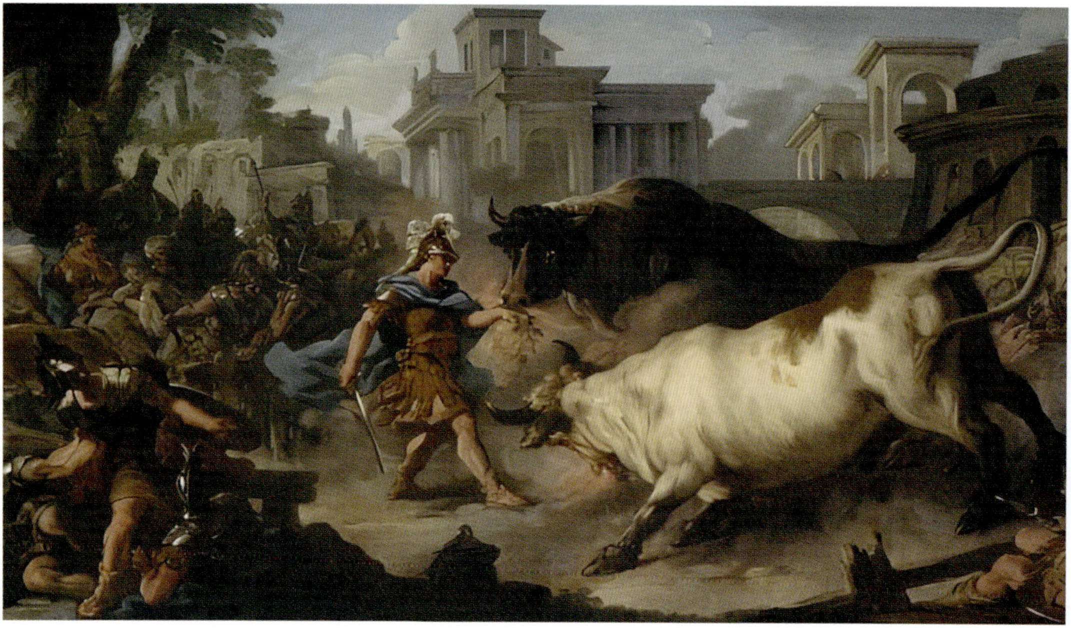

Wahre Männerklischees #9:
Sie überschätzen ihre Fähigkeiten.

Jean François de Troy: *Jason zähmt die Stiere von Aeetes* (1742)

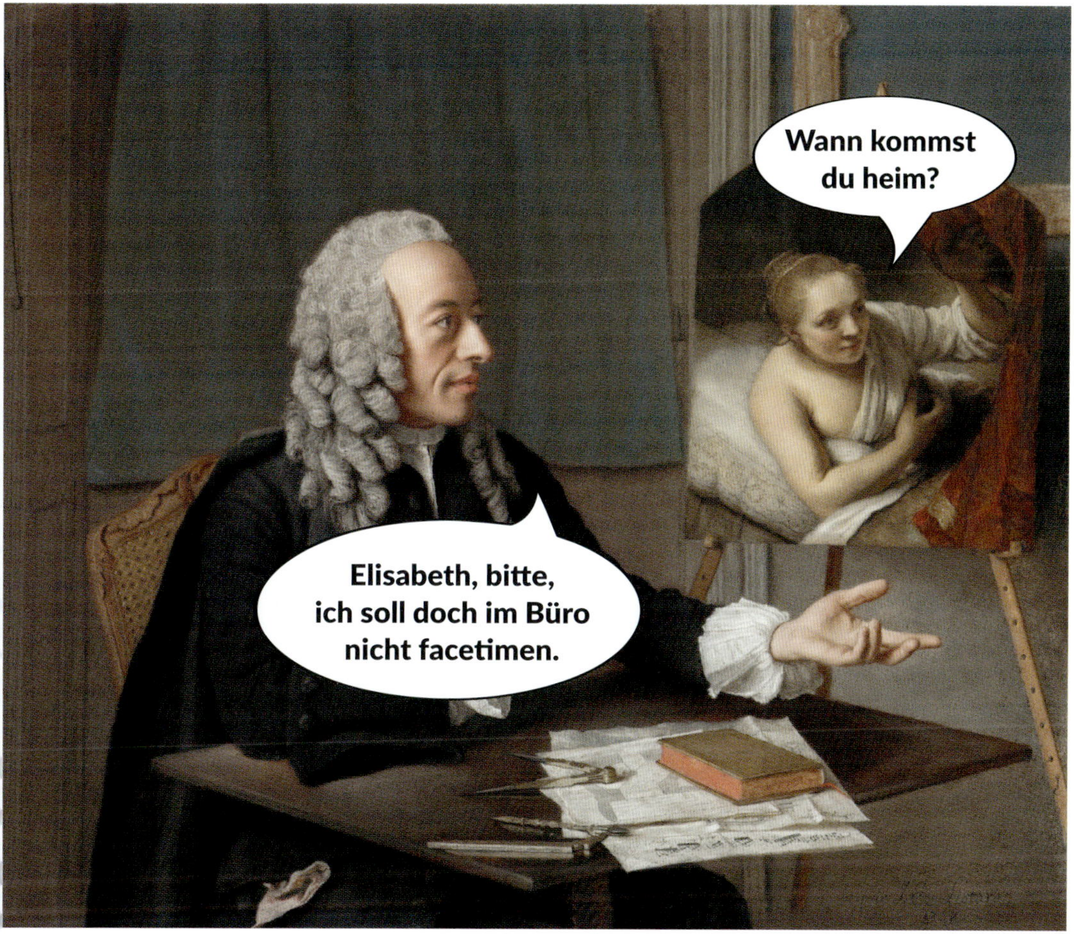

Wahre Männerklischees #10:
Sie arbeiten zu viel.

Jean-Étienne Liotard: *François Tronchin* (1757)

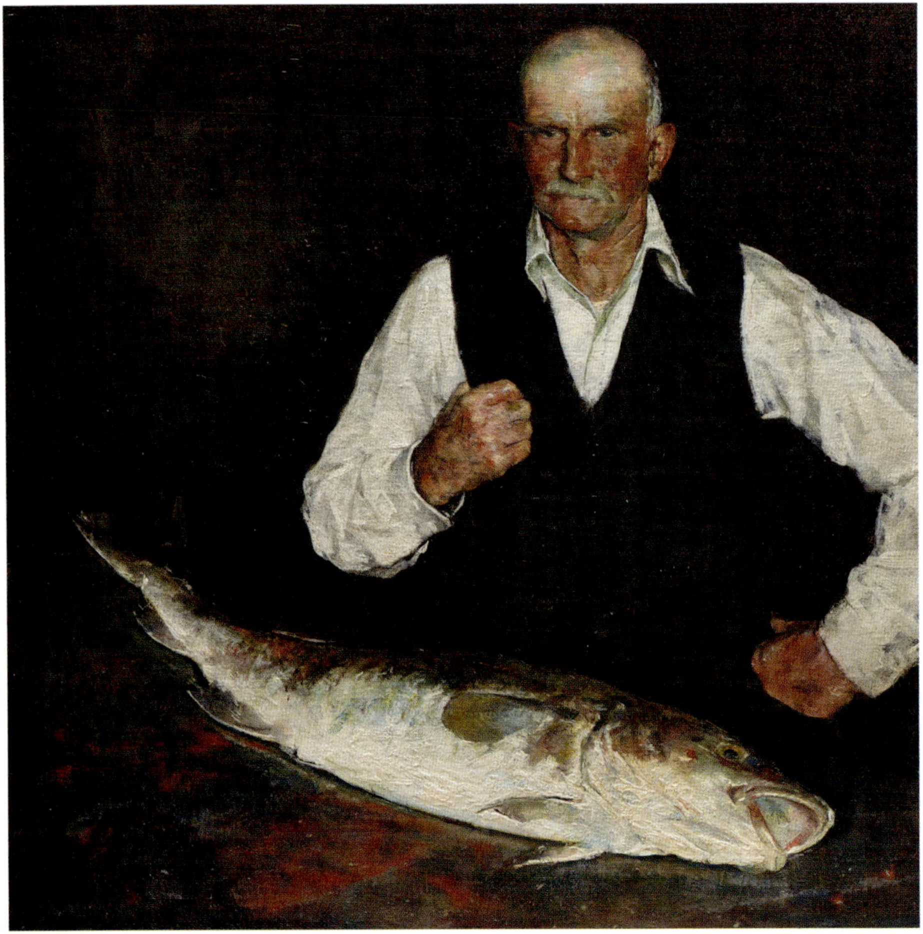

Wahre Männerklischees #11:
Sie prahlen gerne.

Charles Webster Hawthorne: *Der Fisch und der Mann* (1925)

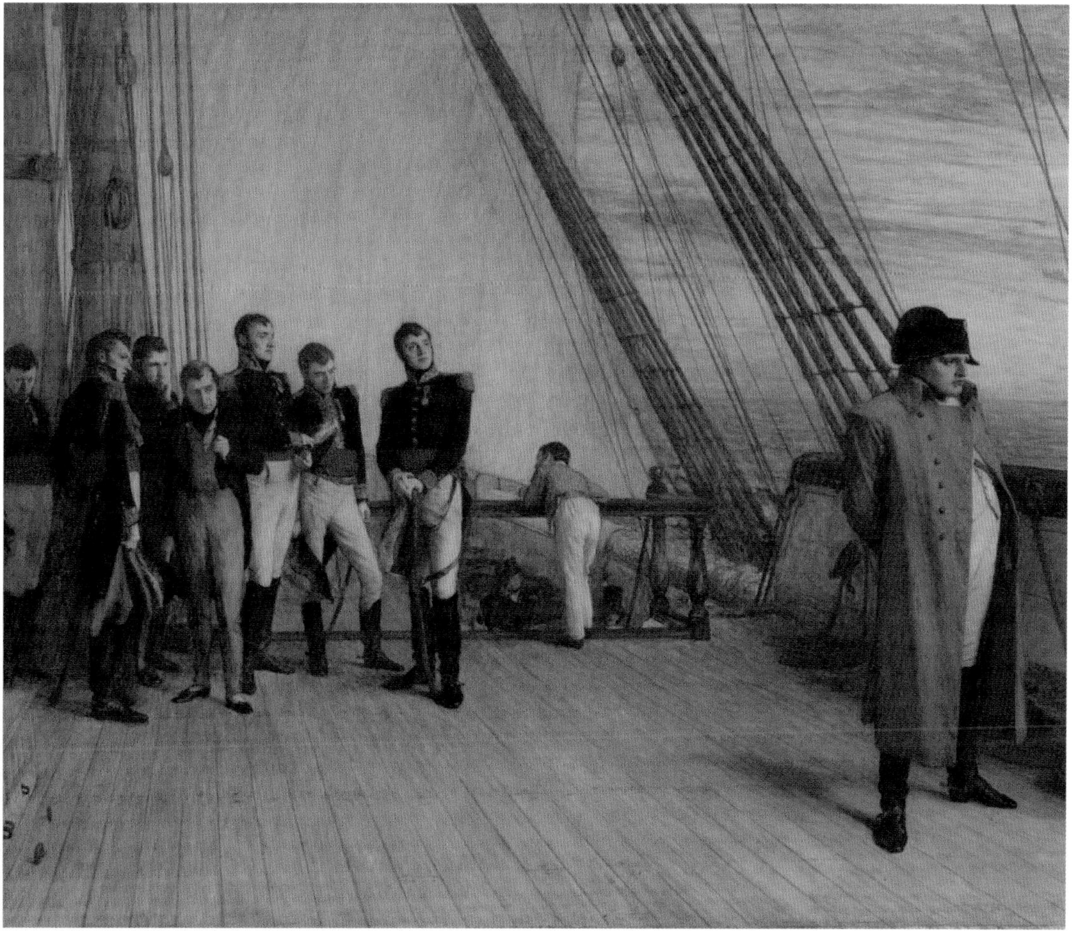

Wahre Männerklischees #12:
Sie duschen selten.

William Quiller Orchardson: *Napoleon an Bord der Bellerophon* (um 1880)

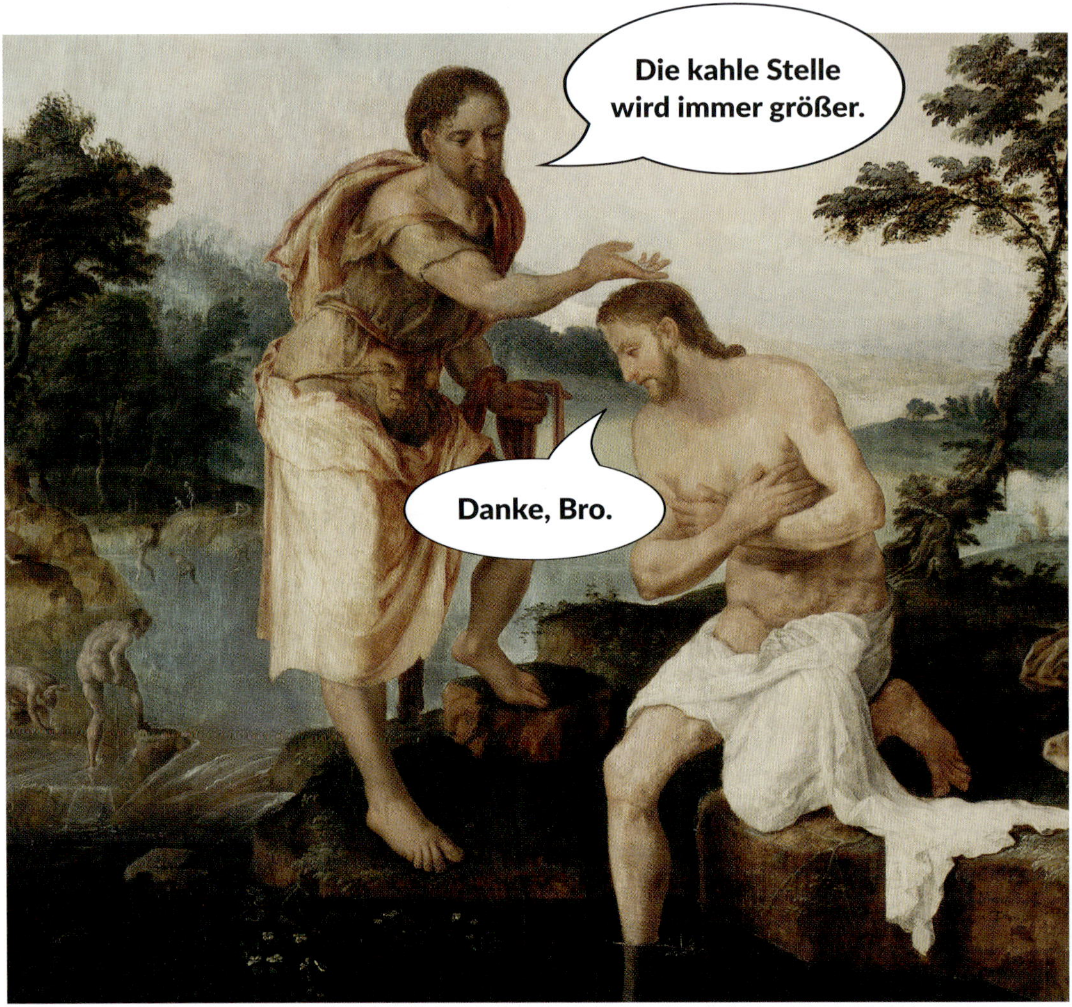

In guten Männerfreundschaften gibt es keine peinlichen Momente ...

Maarten van Heemskerck: *Taufe Christi* (zwischen 1532 und 1540)

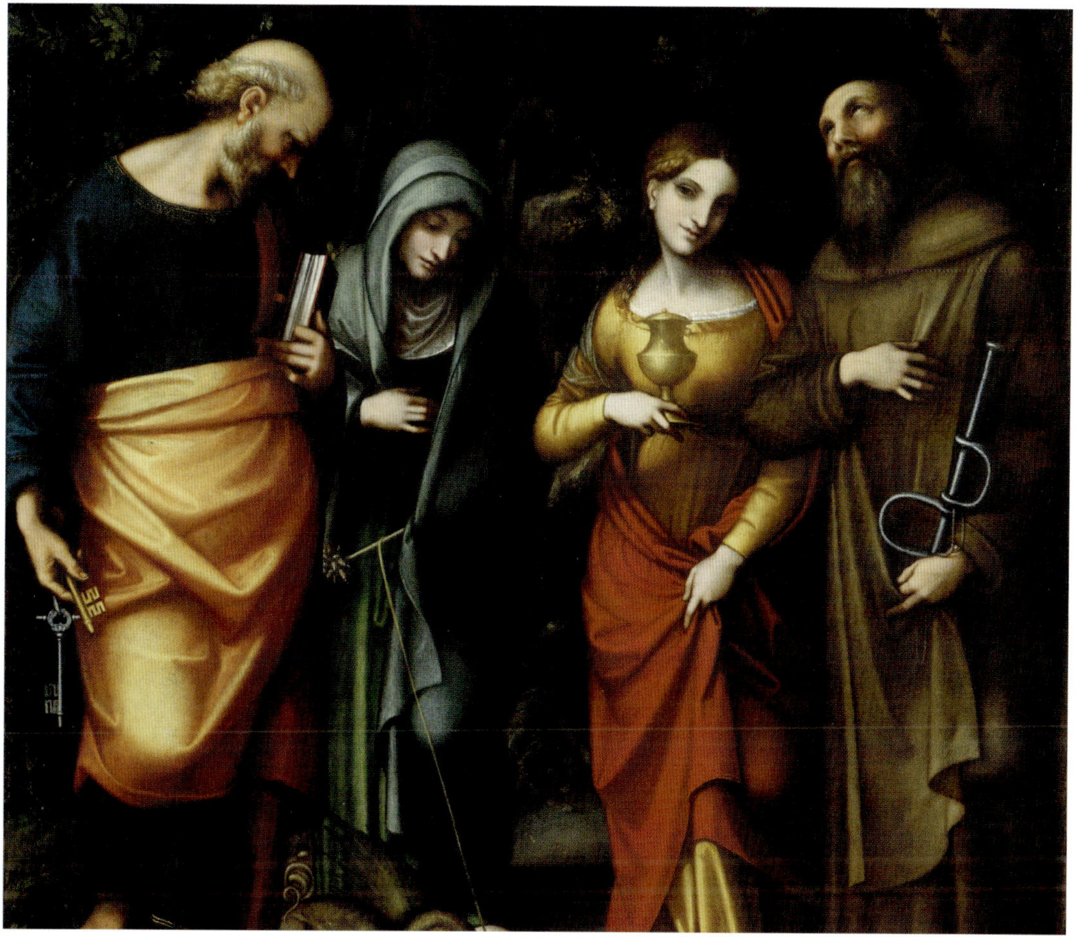

... außer, wenn beide ihre Freundinnen mitbringen, um mal ein ungezwungenes Double Date zu probieren.

Antonio da Correggio: *Vier Heilige* (1514)

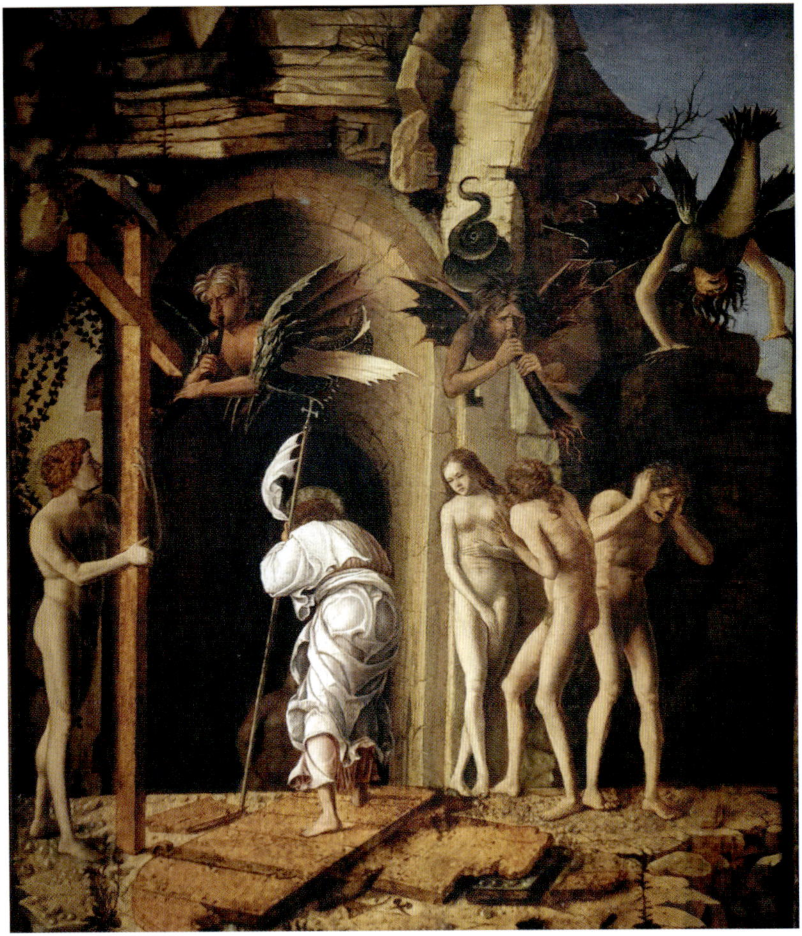

Für die Warteschlange vorm Berghain fühlen sich Martin und seine Freunde irgendwann zu alt.

Giovanni Bellini: *Der Abstieg Christi in die Vorhölle* (zwischen 1475 und 1480)

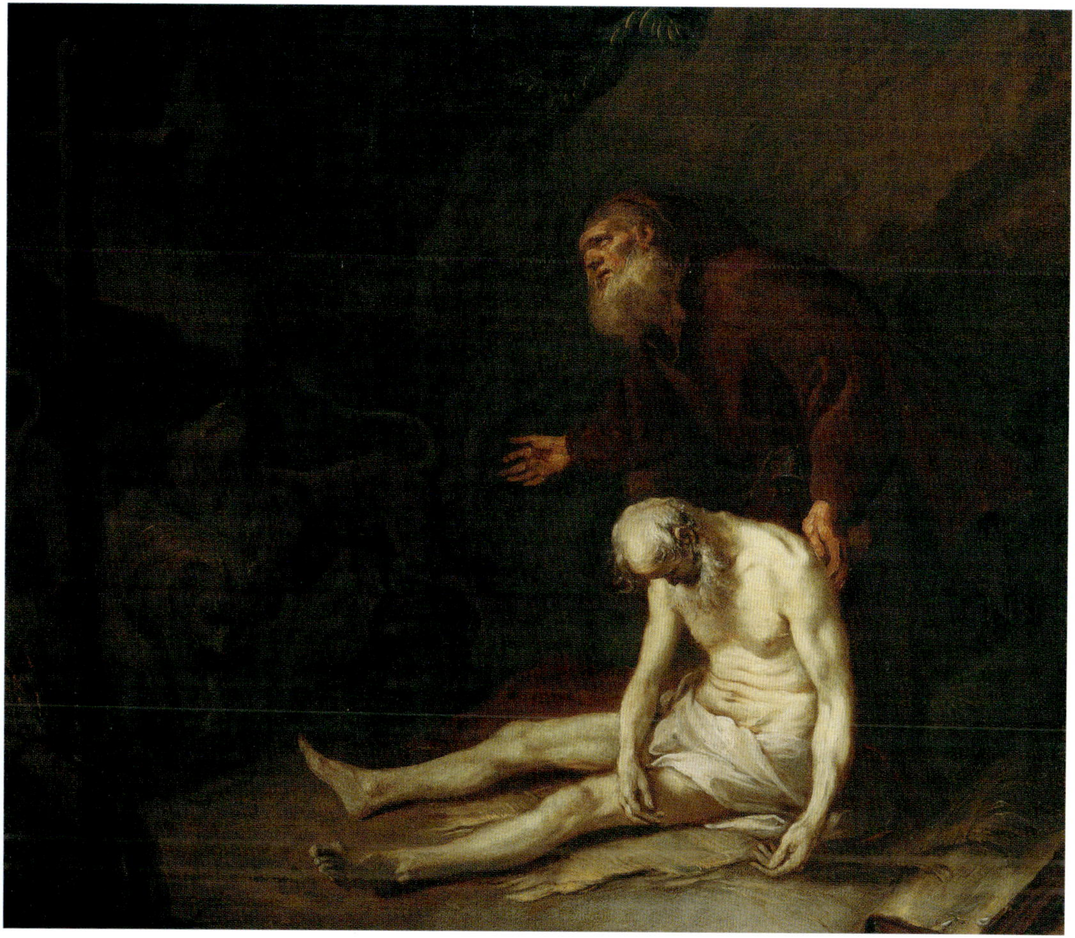

Heinrich bittet den Taxifahrer, ihn und den schon etwas lädierten Martin trotzdem mitzunehmen.

Martin Johann Schmidt: *Die heiligen Eremiten Antonius und Paulus* (um 1765)

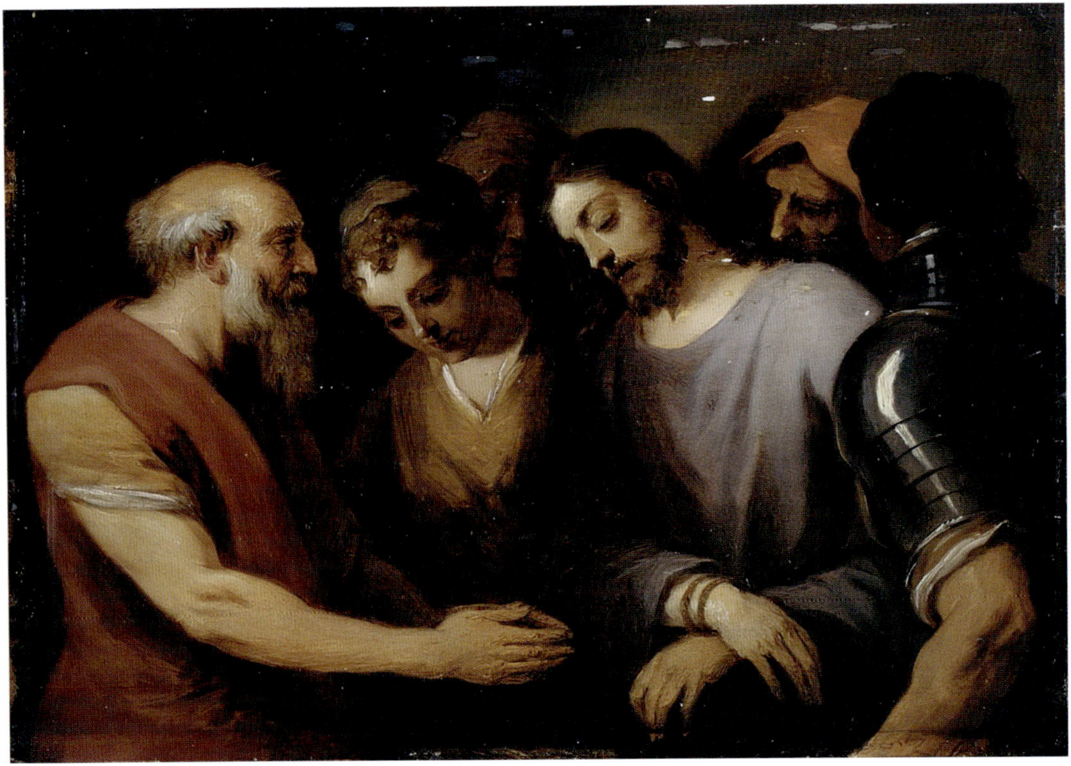

Christian und seine Freunde tun so, als könnten sie erkennen, ob der zwielichtige Typ gutes oder schlechtes Gras verkauft.

David Teniers der Jüngere (nach Andrea Schiavone):
Die Gefangennahme Christi (zwischen 1655 und 1656)

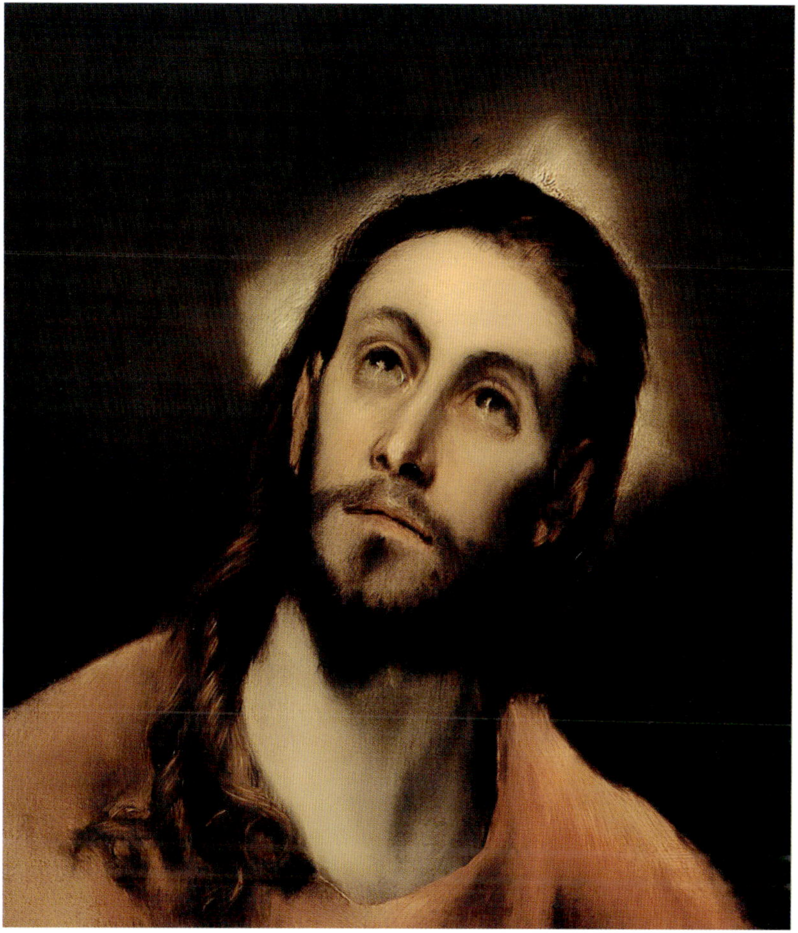

Zehn Minuten später: »Christian, ich kann nicht glauben, dass du den ganzen Joint in einem Zug geraucht hast.«

El Greco: *Christus im Gebet* (zwischen 1590 und 1595)

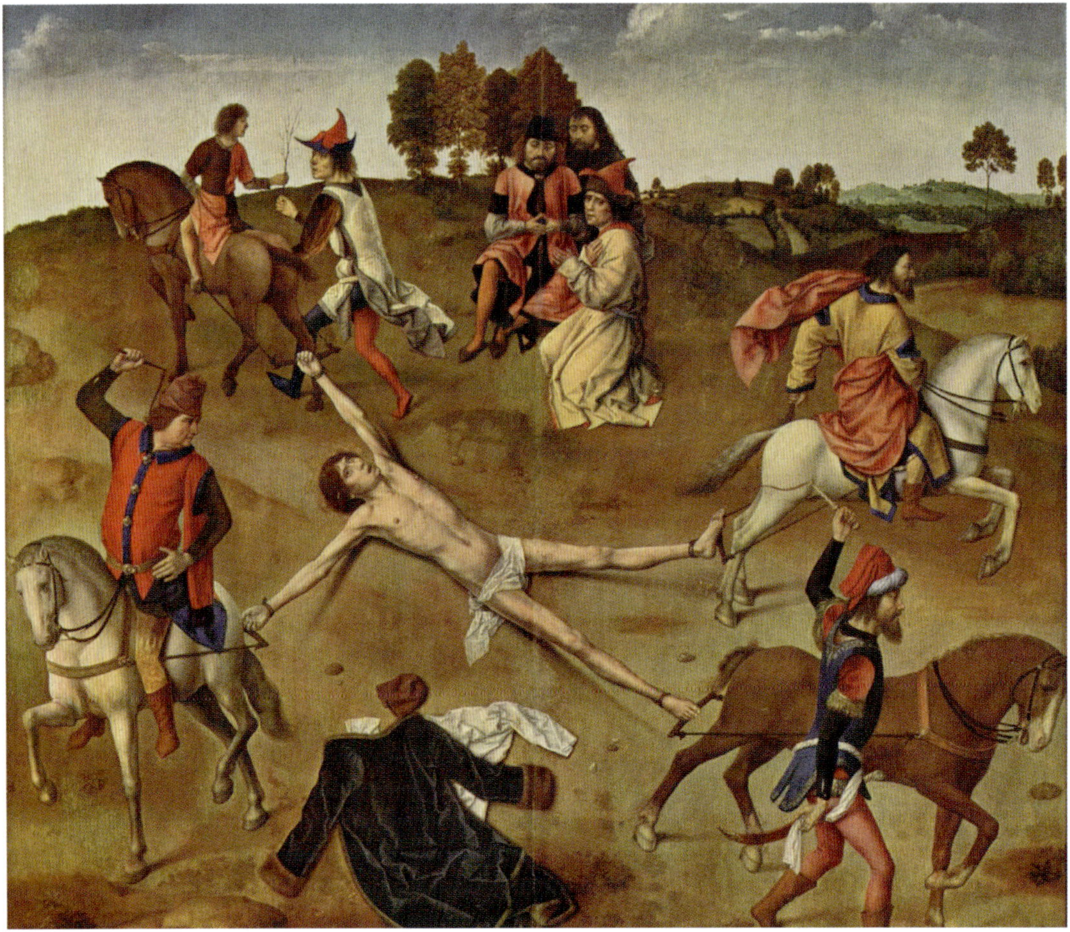

Kurt probiert jede erdenkliche Behandlung, um endlich seine Rückenschmerzen loszuwerden.

Dierick Bouts: *Triptychon des hl. Hippolytus* (zwischen 1465 und 1475)

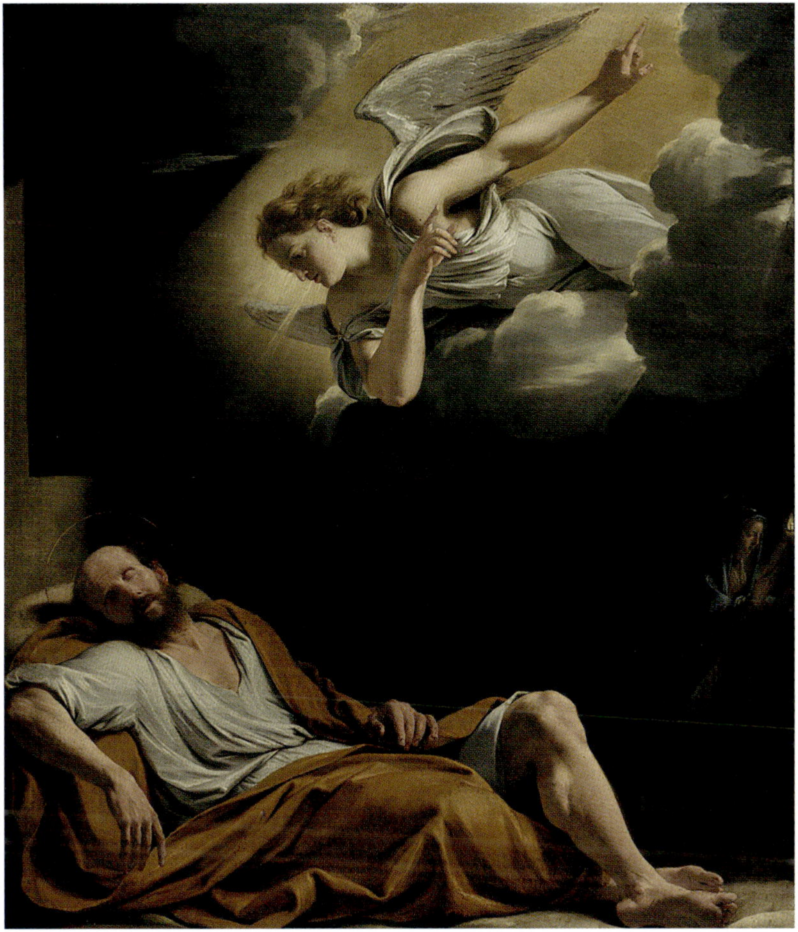

Albert macht gerade ein Nickerchen, als die Chefin per Videocall anruft.

Philippe de Champaigne (1602–1674): *Traum des heiligen Josef*

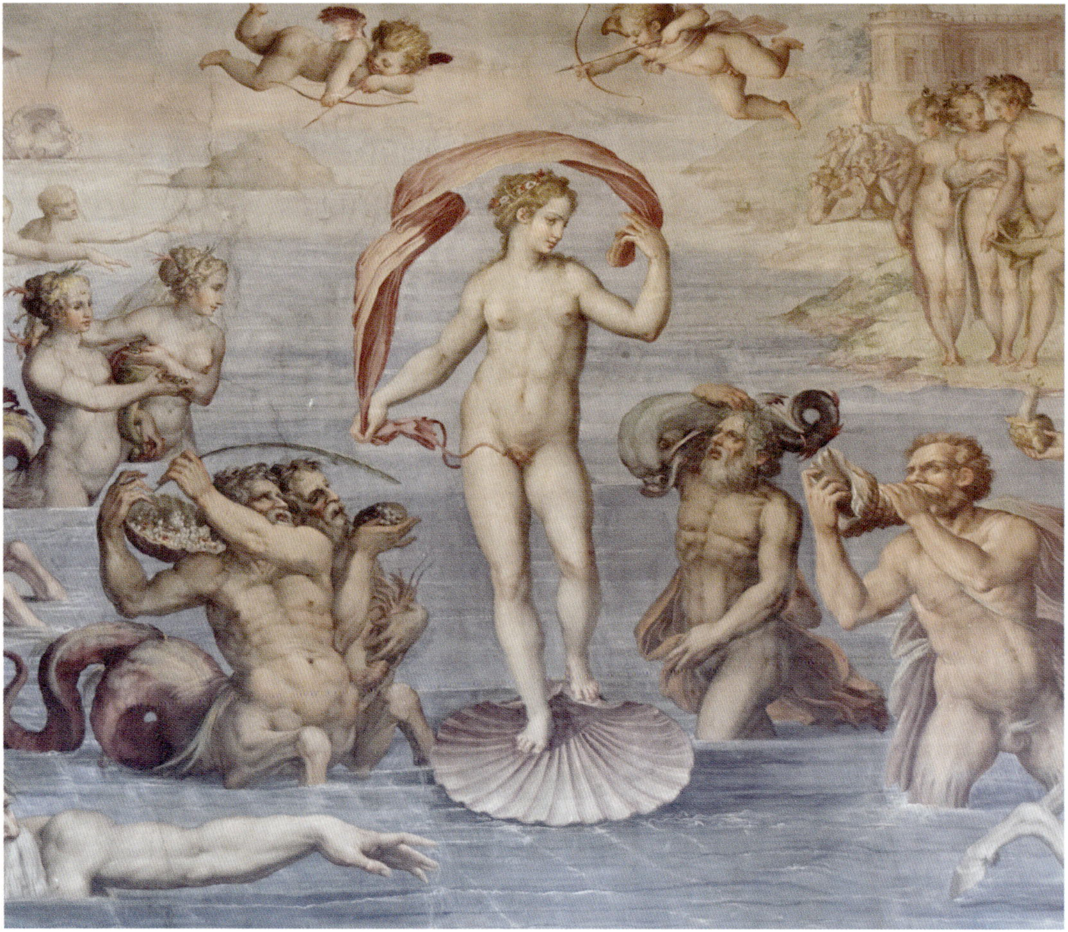

Wenn Paula im Fitnessstudio an die Hanteln geht, schwirren sofort vier Männer um sie und geben Tipps.

Giorgio Vasari: *Geburt der Venus* (zwischen 1556 und 1558)

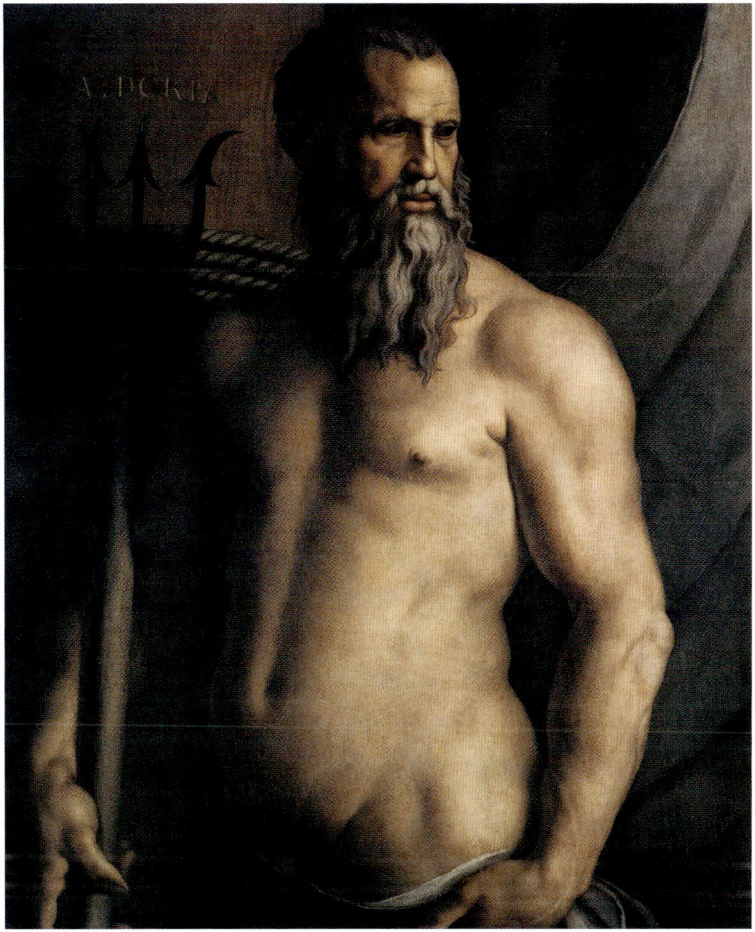

Johanns Lieblingsgerät im Sportcenter:
der Ganzkörperspiegel in der Umkleide.

Agnolo Bronzino: *Andrea Doria als Neptun* (zwischen 1550 und 1555)

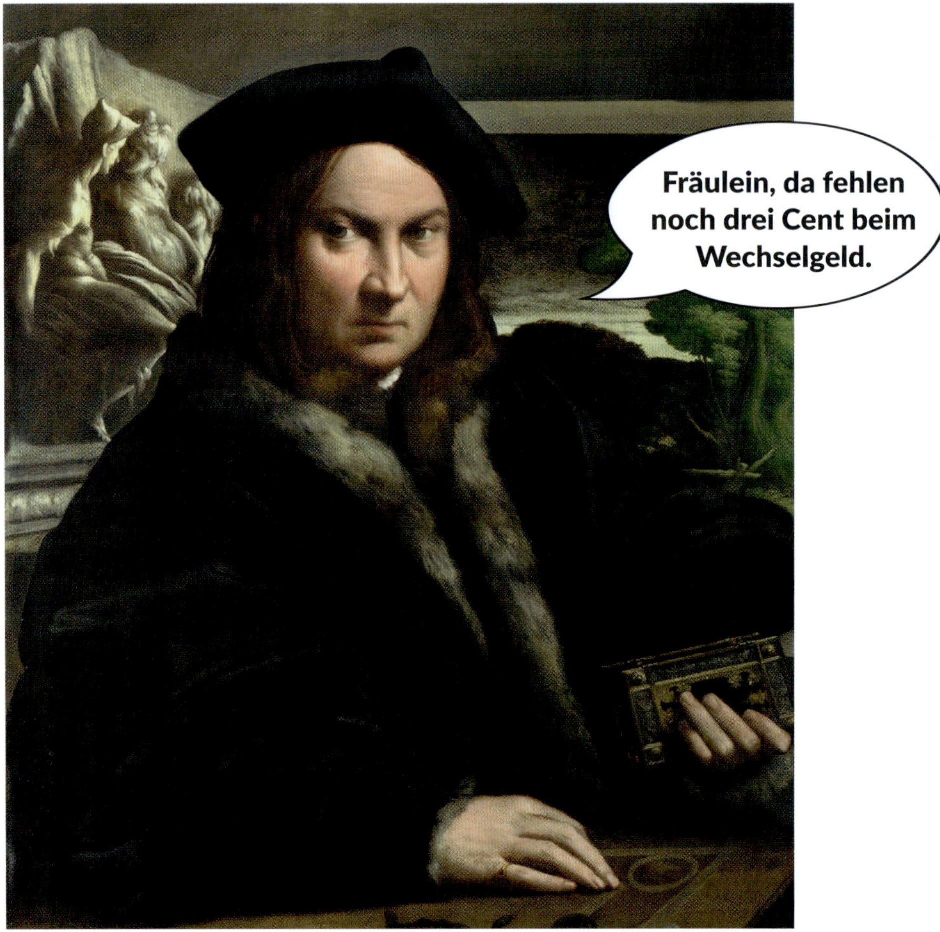

**Wahre Männerklischees #13:
Sie sind geizig.**

Parmigianino (1503–1540): *Porträt eines Sammlers*

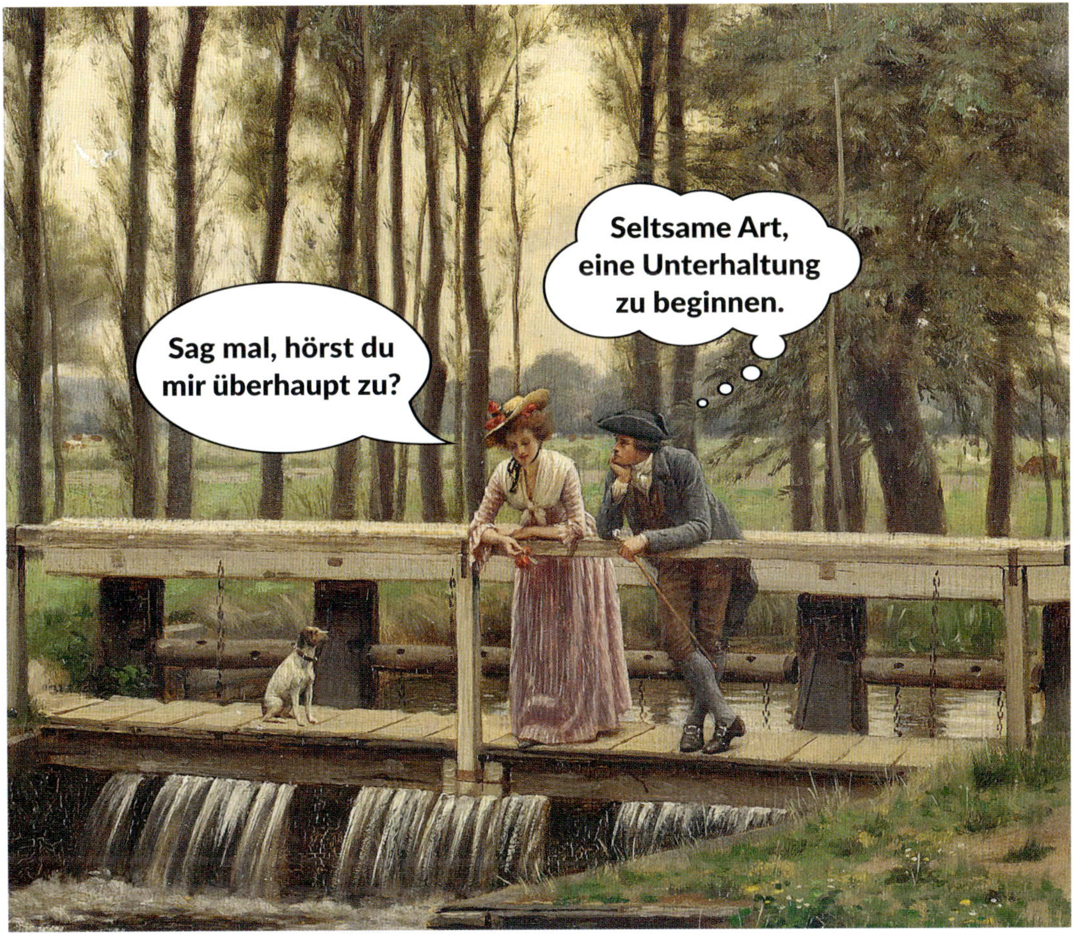

Wahre Männerklischees #14:
Sie sind mit den Gedanken ständig woanders.

Edmund Blair Leighton: *Der Treffpunkt* (1901)

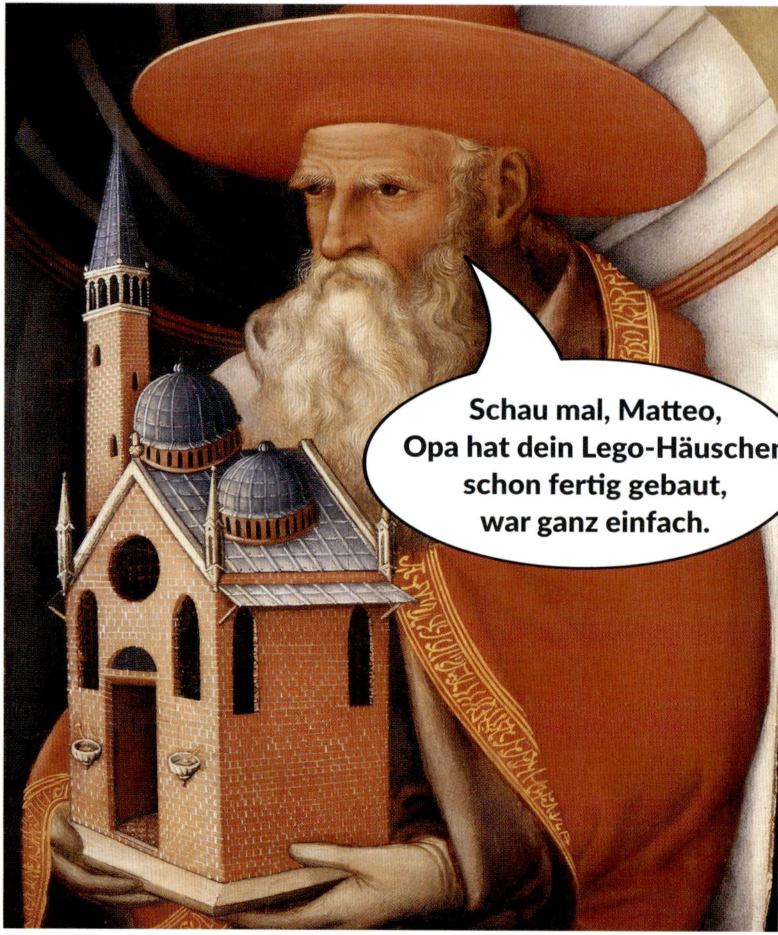

Wahre Männerklischees #15:
Sie bleiben ewig Kinder.

Jacopo Bellini: *Der heilige Hieronymus* (zwischen 1430 und 1435)

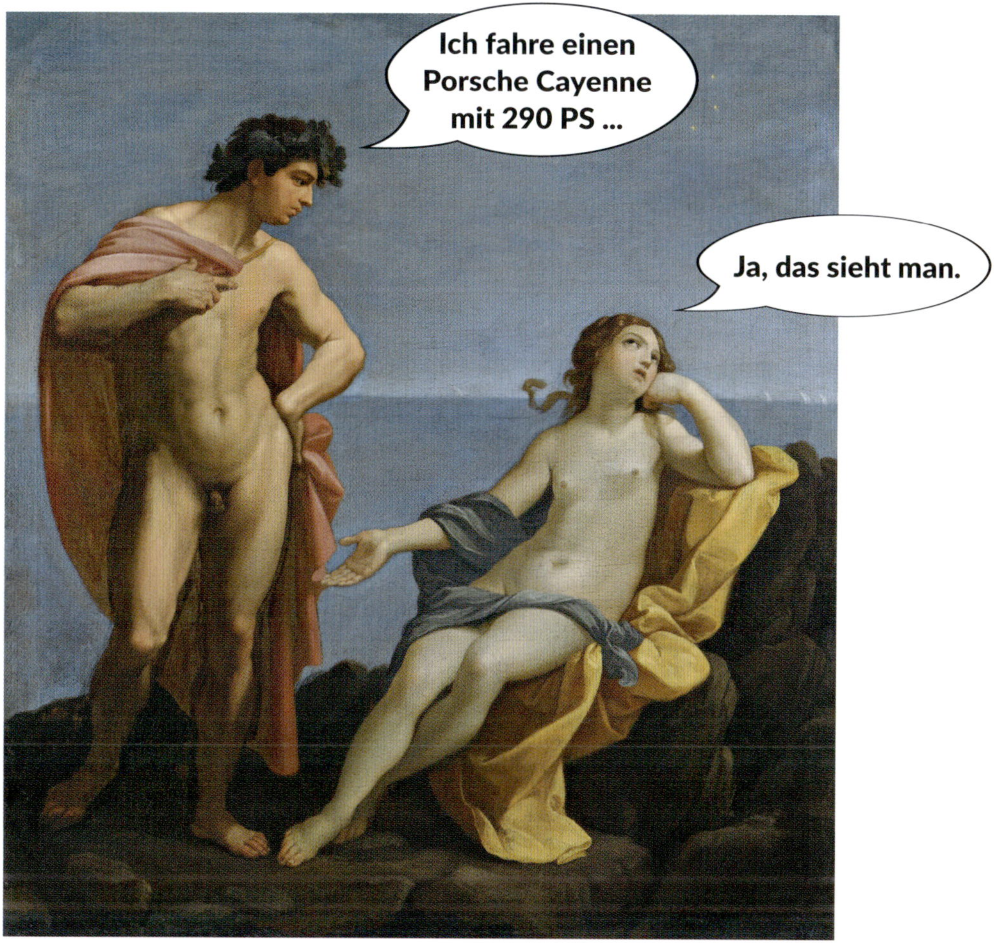

**Wahre Männerklischees #16:
(ohne Worte)**

Guido Reni (1575–1642): *Bacchus und Ariadne*

Bildnachweis

Cover links: Jean-August-Dominique Ingres: Selbstporträt im Alter von 24 Jahren (1804), Wikimedia Commons; Cover rechts: Unbekannter Künstler: Kaiser Leopold I. (zweite Hälfte des 17. Jh.), Wikimedia Commons; S. 4, 7–19, 21, 23–33, 35–43, 45–52, 54–63: Wikimedia Commons; S. 5: Mbzt / Wikimedia Commons (https://commons.wikimedia.org/wiki/File:P1310105_Paris_V_eglise_St-Etienne_tableau_La_Manne_rwk.jpg); S. 6: מודנר, QS:P170,Q874720 / Wikimedia Commons (https://de.wikipedia.org/wiki/Datei:The_%22Triumph_of_Achilles%22_fresco,_in_Corfu_Achilleion.jpg), https://creativecommons.org/licenses/by-sa/3.0/legalcode; S. 20: Dosseman / Wikimedia Commons (https://commons.wikimedia.org/wiki/File:Maerten_de_Vos_-_Verzoeking_van_de_heilige_Antonius_de_Grote_van_Egypte_2454.jpg), https://creativecommons.org/licenses/by-sa/4.0/legalcode; S. 22: Henk Monster / Wikimedia Commons (https://commons.wikimedia.org/wiki/File:One_of_the_Medieval_paintings_in_the_Bonnefantenmuseum_Maastricht%2C_showing_Jesus_with_the_perfidious_woman_and_the_Jewisch_teachers_left_-_panoramio.jpg); S. 34: Didier Descouens, QS:P170,Q9319 / Wikimedia Commons (https://commons.wikimedia.org/wiki/File:Accademia_-_The_Temptation_of_Adam_by_Jacopo_Tintoretto.jpg), https://creativecommons.org/licenses/by-sa/4.0/legalcode; S. 44: Didier Descouens, QS:P170,Q9319 / Wikimedia Commons (https://commons.m.wikimedia.org/wiki/File:(Venice)_Christ_and_the_adulteress_by_Il_Tintoretto_-_Gallerie_Accademia.jpg), https://creativecommons.org/licenses/by-sa/4.0/legalcode; S. 53: Creator QS:P170,Q570251 / Wikimedia Commons (https://commons.wikimedia.org/wiki/File:Martin_Johann_Schmidt_-_Die_heiligen_Eremiten_Antonius_und_Paulus_-_8501_-_%C3%96sterreichische_Galerie_Belvedere.jpg), https://creativecommons.org/licenses/by-sa/4.0/legalcode

Die Bilder auf den Seiten 12, 17–18, 25, 27, 31, 33, 36, 39, 45–46, 54–55, 57, 62 wurden mithilfe eines KI-basierten Softwaretools hochskaliert.

Originalausgabe
1. Auflage 2024
© 2024 by Yes Publishing – Pascale Breitenstein & Oliver Kuhn GbR
Türkenstraße 89, 80799 München
info@yes-publishing.de
Alle Rechte vorbehalten.

Umschlaggestaltung: Ivan Kurylenko (hortasar covers)
Layout und Satz: Christiane Schuster | www.kapazunder.de
Druck: Livonia Print, Riga
Printed in Latvia

ISBN Print 978-3-96905-291-4
ISBN E-Book (EPUB, Mobi) 978-3-96905-292-1
ISBN E-Book (PDF) 978-3-96905-293-8